図版１　落合左平次道次背旗〈表〉に描かれた鳥居強右衛門（東京大学史料編纂所蔵）

図版２　落合左平次道次背旗〈裏〉（東京大学史料編纂所蔵）

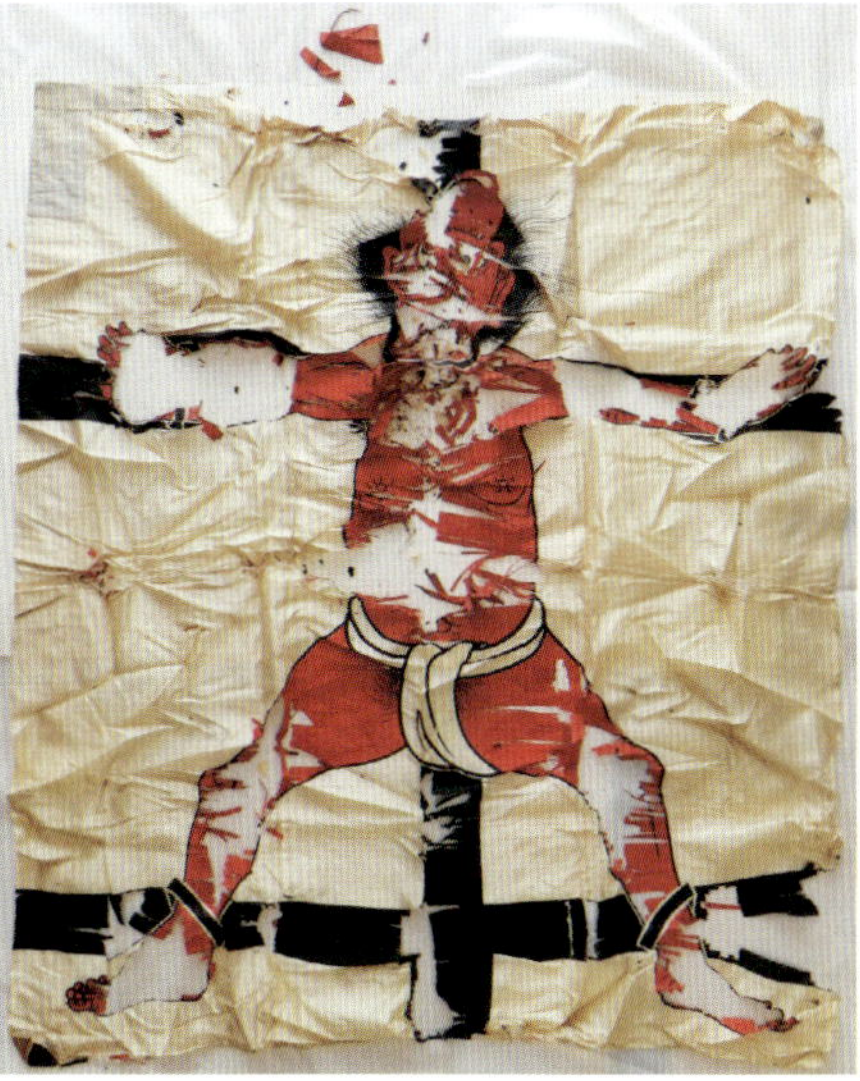

図版４　落合家三代直澄所用旗指物
（湯浅大司撮影）

図版３　落合家二代道清所用旗指物
（湯浅大司撮影）

図版６　落合家六代道広所用旗指物（著者撮影）

図版５　落合家五代道建
所用旗指物（著者撮影）

図版７　「背旗」のポリライト照射調査

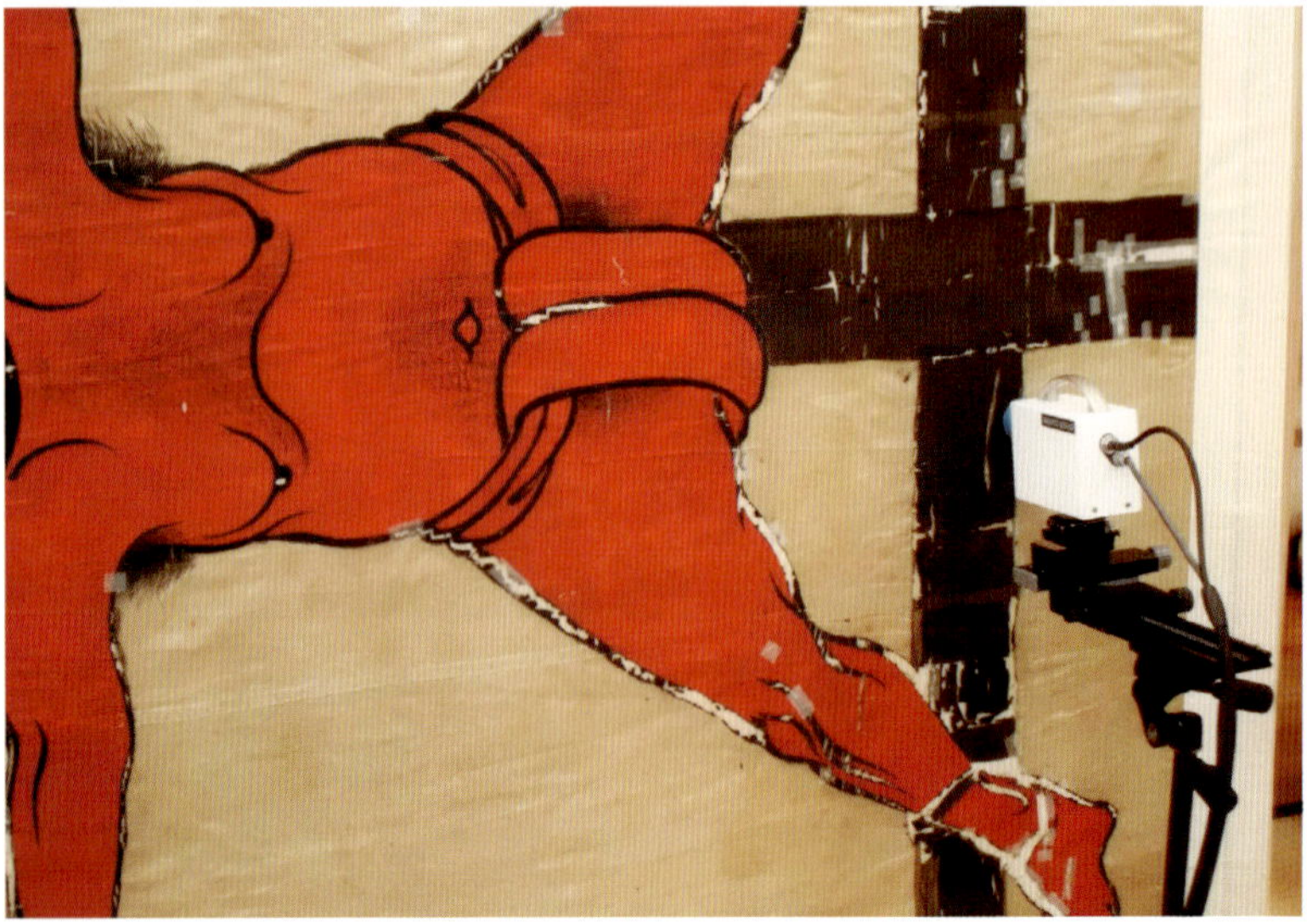

図版８　「背旗」のエックス線調査

中世から近世へ

鳥《とり》居《い》強《すね》右《え》衛門《もん》

語り継がれる武士の魂

金子拓

平凡社

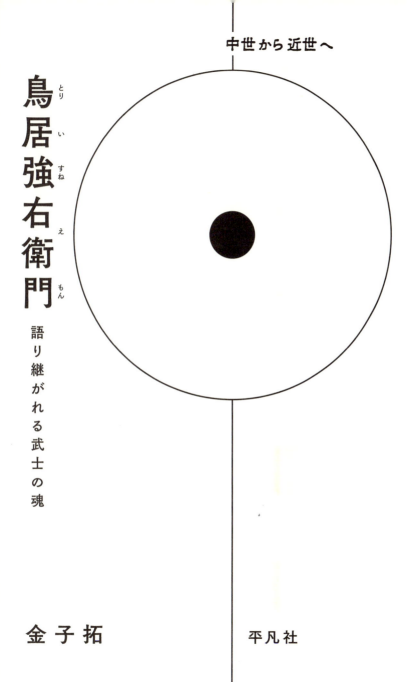

装幀　大原大次郎

鳥居強右衛門◉目次

はじめに――無名にして有名な武士

鳥居強右衛門という人物

皆さんは、これから本書で取りあげてゆくことになる鳥居強右衛門という人物をご存じだろうか。

名前は「とりい・すねえもん」と読む。戦国時代に生きた人である。

名前の読みと時代、たったふたつの情報しか出しておらず不十分だけれど、これで合点がゆかなかった人のために、せっかちだが以下ごく簡単に説明しておきたい（より詳しくは後述する）。

強右衛門は、奥平《おくだいら》氏に仕えていた武士である。身分や、どの程度の禄をもらっていたのかなどははっきりとわかっていない。奥平氏は、東三河の作手《つくで》（愛知県新城市）あたりに勢力をもっていた国衆であった。

彼が歴史に名を残すことになったのは、天正《てんしょう》三年（一五七五）五月二十一日に起きた長《なが》篠《しの》の戦いによってである。もっとも、彼は長篠の戦い以前に亡くなっている。矛盾した言い方であるが、どういうことだろうか。

この年の四月頃、信濃・遠江《とおとうみ》から三河に侵入した武田勝頼の軍勢が、徳川氏支配下の諸城を攻撃したすえ、前々年（天正元年九月）に奪われていた長篠城を包囲し、攻撃を開始した。同城には、この二月から奥平信昌《のぶまさ》が守将として入っていた。信昌は父定能《さだよし》とともに、前々年武田氏から離反し、徳川氏に従っていた。

最初は武田軍のきびしい攻撃をしのいでいた長篠城も、次第にこらえがたくなり、信昌は徳川家康と織田信長に援軍の要請を出した。その使者となったのが強右衛門である。

強右衛門は無事その役目を果たし、仲間の籠もる長篠城に戻ろうとしたところ、包囲軍に見つかり、捕えられてしまう。武田氏側は強右衛門に、城内にいる味方に対し、もう援軍は来ないから諦めて開城せよと伝えれば召し抱えてやろうと提案した。この提案を強右衛門は受諾したふりをし、いざ味方の前に出されたとき、まもなく援軍がやってくるのでもう少しの辛抱だと叫んだため、怒った武田軍によって殺害されてしまった。

いま述べた強右衛門の最期の場面に、「ああ、あの……」と、何となく思い出した方もおられるのではあるまいか。そう、あの強右衛門である。

名のある戦国武将ではなく、言ってしまえば一介の伝令にすぎない強右衛門のことを知っている人が、このようにいまの時代も少なからずいるらしいのは、よく考えれば不思議なことである。なぜなのだろうか。

この疑問に対する簡単な説明はできる。日本史の辞典として最も項目数の多い『国史大辞典』に、彼の項目があるからだ（執筆者小和田哲男）。そのなかでも冒頭に述べたような彼の事跡が解説されている。ただそれにしても、辞典の編纂者が、名だたる歴史上の人物に伍して、なぜ彼の項目をわざわざ設けようとしたのか、そのあたりの歴史的背景は考えてみる価値がありそうだ。

『水曜どうでしょう』の「歴史小芝居」

インターネットで「鳥居強右衛門」を検索すると、比較的上位に登場し、しかも印象に残る検索結果がひとつある。『水曜どうでしょう』というテレビ番組である。

『水曜どうでしょう』は北海道テレビ放送（ＨＴＢ）制作のローカル番組である。わたしは有名になってから全国ネットで放送された特別番組をちらりと観たことがあるにすぎないから、これから述べる基本的情報は、これまたインターネットに頼らざるをえないが、一九九六年から二〇〇二年までレギュラー放送がなされていた、俳優の大泉洋さんを中心とした手作り感あふれる旅企画によって根強いファンが多いバラエティ番組である。

この番組のなかで、強右衛門がとりあげられたのである。

それは二〇〇二年に放送された「試験に出るどうでしょう　日本史」という企画である（DVD『5周年記念特別企画　札幌～博多3夜連続深夜バスだけの旅／試験に出るどうでしょう　日本史』収録）。信長をテーマとして、同番組のレギュラーである映画監督・放送作家兼タレントの鈴井貴之さんと、彼が社長を務める芸能事務所に所属する大泉さん、さらに演劇ユニットTEAM《チーム》・NACS《ナックス》の仲間である安田顕さんも参加し、清洲や桶狭間、長浜などゆかりの地をめぐる旅をするなかで、彼らは長篠（新城市）に立ち寄っている。

三人は長篠城址に立ち、ゼミナールの校長に扮した大泉さんが前述したような長篠城の危急を解説してゆくうち、いつしか信長・家康、そして強右衛門をめぐる「歴史小芝居」（と番組中で称されている）が始まる。主役である強右衛門の台詞を安田さんが担当し、強右衛門が使者を務めて捕えられ、殺害されるまでの物語が、台本を読みあげるかたちで進行するのである。語り終えた大泉さんはこの物語を、「ご存知！　忠烈鳥居強右衛門　長篠城攻防の一幕」と講談調で締めくくる。

安田さんも大泉さんもいまや第一線で活躍する俳優であり、芝居巧者であるから、台本に書かれた台詞を読みあげるだけでも不思議な臨場感があって惹きこまれる。それもあるのだろう、この企画のおかげで、「こんな人もいるのだ」と強右衛門のことを初めて知った若い人も多いにちがいない。

ただ、そもそも『水曜どうでしょう』で強右衛門を取りあげたからには、この番組の制作者たちが強右衛門に注目するほど、それなりの知名度があったことになる。つまりそれ以前から強右衛門に関することが何らかのかたちで情報化され、伝えられているはずなのである。

そのように伝えられつづけている理由のひとつは、前述したような武士としての自己犠牲の精神、忠義の心が人びとを感動させたことにあるのだろうが、ほかにも大きな理由が存在すると思われる。彼の姿を描いたとされる旗指物《はたさしもの》（背旗）の図像である。

この絵は、強右衛門が、長篠城の味方に対し援軍が来ると叫んだあと、磔《はりつけ》にされ殺害されたときの姿を描いたものとされ、旗指物の原本はわたしが勤務する東京大学史料編纂所が所蔵している。白地の絹に全身真っ赤に描かれた褌《ふんどし》一丁の半裸の人物が磔柱に大の字に縛りつけられ、口をむすんで大きな目をかっと見開いている、一度見たら忘れがたい、強烈な迫力に満ちた図像である。【口絵図版1・2】

この図像は、強右衛門ゆかりの地である長篠に行くと、新城市長篠城址史跡保存館の案内看板として描かれてもいるので、観光などで立ち寄ったとき、その姿を印象にとどめた戦国ファンも多いのではあるまいか。

そうなると浮かんでくるのは、なぜこのような図像が制作され、現代に至るまで受け継がれてきたのか、という疑問である。いったい誰が、なぜこの旗指物を作って、どんなふうに伝えられてきたのだろうか。

本書で述べること

以下本書では、右にあげた疑問について考えながら、鳥居強右衛門という人物のことを述べてゆく。次のような三部構成をとりたい。

第一部の各章では、鳥居強右衛門が使者として働いた長篠城の攻防戦とはどのようないくさであったのか、このいくさが長篠の戦いにどのようにむすびつくのか、このいくさのなかで、いかなる事情で強右衛門が使者として立てられることになったのか、強右衛門の死を伝える史料にはどのようなものがあるのか、彼の死は後世（江戸時代）の記録においてどのように描かれ、その人物像はどのように変容してゆくのか、といったことがらを考えてみる。

後述するが、彼の〝実像〟に肉迫できるような同時代史料はほとんどない。そのなかで比較的信頼しうる史料に拠りながら、できるかぎりその〝実像〟を推測したい。江戸時代、そこからさまざまな史料によって変奏され、次第に彼の姿は〝虚像〟と化す。虚像となった姿が強烈な印象をあたえて人びとの脳裏に刻まれることになる。その過程をできるかぎり追いかけてみたい。

第二部の各章では、強右衛門の姿を描いた旗指物に焦点を当てる。

この旗指物を制作した落合道次《おちあいみちつぐ》という人物について、彼がなぜこの図像をみずからの旗指物としたのか、彼はどのような立場の武士であったのか、彼の子孫たちは家祖道次が制作した旗指物をいかにして受け継いだのか、といったことがらを考えてみる。

この旗指物は、近年修理がほどこされ、その過程でいろいろなことが明らかになった。修理に至る前提として、道次の子孫落合家が伝えてきたさまざまな史料の調査がおこなわれ、いままで知られていなかったような事実がわかってきた。それにより、史料編纂所が所蔵する旗指物原本の史料的性格が明らかになり、修理につながった。ここでは、文化財としての旗指物の修理の過程やその結果わかったことも紹介してゆきたい。

第三部では、江戸時代において、文字によって語られてきたり、旗指物図像の流布によってつくりあげられたりしてきた〝虚像〟としての強右衛門像が、近代以降いかなる経緯をたどって増幅、再生産され、現代のわたしたちが頭に描く彼の姿につながってくるのか（どのような背景によって『国史大辞典』の項目や、『水曜どうでしょう』のようなテレビ番組に流れこむのか）といったことを眺める。鳥居強右衛門を通して、ある種の歴史認識の形成と展開・受容といった問題を考えたい。

後世の歴史研究者による不遜な物言いであることは承知のうえで言えば、おそらく、いや確実に、強右衛門は、長篠の戦い直前に使者にえらばれ、あのような死に方をしなければ、子孫以外の後世の人にはほとんど知られないまま、歴史のなかに埋もれた大勢の〝名もなき〟人間のひとりで終わったはずである。

ところが彼は、（現在の）教科書にこそ載らないものの、いまなお人びとの記憶に残るような歴史上の人物として語り継がれている。いま「歴史上の人物」と彼を表現したが、辞典に載るくらいなのだから構わないだろう。

先ごろ勤務先のオープンキャンパスにて、旗指物の複製を展示した。それを前にした三人組の男子高校生のひとりが、残るふたりの友人に向かい、先に述べたような強右衛門の物語を説明していた。立ち番をしながらその様子を傍らで聞いていたわたしは、彼の知識に驚き、思わず「よく知ってるね」と声をかけてしまった。彼がどこからその物語を知ったのか、もっと突っこんで訊ねておけばよかったと、今は後悔している。

強右衛門の存在がなぜいまも知られているのか。いわば歴史の不思議であり、その劇的な変化を知ることは、歴史の面白さを知ることにもつながるものと期待している。

本書の主人公鳥居強右衛門は、諱《いみな》を勝商《かつあき》とも勝高《かつたか》ともされるが、当時の史料からは明らかにできない。通称は、彼のことを記した最も古い記録のひとつ『三河物語』や、墓所のある甘泉寺《かんせんじ》（愛知県新城市）の位牌に「強右衛門 尉《すねえもんのじょう》」とある。当時の呼称としては、このように、律令官職の四等官の三番目にあたる「尉」を付けたものが本来的であると考えられる。しかし本書では、一般に浸透している呼称を用い、「鳥居強右衛門」「強右衛門」と呼ぶことにする。

また以下の叙述では、研究者個人の敬称は省略した。ご容赦いただきたい。

第一部　鳥居強右衛門とは何者か

第一章　長篠の戦いに至るまで

奥平氏と山家三方衆

最初に、鳥居強右衛門という人物が歴史の表舞台に登場することになった背景について述べたい。

強右衛門が重要な働きをになうのは、長篠の戦いの直接の前哨戦となった長篠城をめぐる攻防戦であるが、これは次章において述べることにする。そもそも強右衛門が仕えた奥平氏が長篠城に入らなければ、強右衛門の運命もまたちがったものになったであろうから、奥平氏が長篠城の守将となった経緯までさかのぼり、その歴史的背景を見てゆこう。以下の叙述は、戦国史研究者の高柳光壽《みつとし》・柴裕之・平山優・湯浅大司《だいじ》各氏の研究に拠ることを最初におことわりしておく。

もともと上野国甘楽《かんら》郡奥平村（群馬県高崎市）に出自をもつとされている武士奥平氏は、南北朝時代から室町時代にかけての頃に三河国に移住したとされる。三河では設楽《したら》郡作手の亀山城を拠点に勢力を扶植した。

東三河北部、現在では「奥三河」とも呼ばれている山間部、信濃や遠江と接する設楽郡には、戦国時代、山家三方衆《やまがさんぽうしゅう》と称される国衆が割拠し、隣国の大名である武田氏・今川氏・松

亀山城址（著者撮影）

平（徳川）氏・織田氏の勢力に挟まれ、相互に婚姻をむすんで連携しつつ、その時々の状況によって周囲の諸大名に従ったり、離れたりしながら支配を展開していた。

東三河の有力国衆三氏をまとめて、彼らは「三方衆」と称された。その一方が作手の奥平氏なのであった。残る二方は、田峯《だみね》（愛知県設楽町）の菅沼氏と長篠の菅沼氏である。田峯の家が宗家格で、長篠の家はそこから分かれたとされる。ここからわかるように、もともと長篠城は、この菅沼氏の居城だったのである。

山家三方衆は、十六世紀中頃の天文年間あたりには、駿河・遠江の大名である今川氏になかば従属していたようだが、永禄三年（一五六〇）の桶狭間の戦い以降、多くが徳川家康に従属し、さらに同十二年に今川氏真《うじざね》が武田信玄と家康の侵略を受け、領国を奪われると、彼らのほとんどは徳川氏に従った。

山家三方衆と武田氏

　ところが、元亀《げんき》三年（一五七二）十月に信玄が家康・織田信長との敵対を決意し、家康の領国遠江・三河への侵攻を開始した。そのとき三方衆は武田氏になびき、三方原《みかたがはら》の戦いでは信玄の麾下で従軍したという。

　ただ、田峯菅沼氏の一族で、野田城（新城市）に拠った菅沼定盈《さだみつ》は家康に従ったままであった。このため、三方原の戦いに大勝した武田軍はその後、定盈の籠もる野田城を包囲し、これを攻めた。野田城が落ちたのは翌元亀四年二月十六日前後のことであった（『手鑑萬代帖』所収文書）。定盈は捕えられて信濃に送致されるが、のち人質交換によって三河に戻る（『菅沼家譜』など）。

　信玄はこの野田城攻めのとき、すでに病魔におかされていたとされ、それからまもない四月十二日に没した。没した場所については、三河鳳来寺《ほうらいじ》（新城市）説（『異本塔寺長帳』）、信濃駒場《こまんば》（長野県阿智《あち》村）説（『当代記』）、同平谷《ひらや》波合《なみあい》（長野県平谷村）説（『三河物語』）など諸説ある。

　くわえて野田城攻めの陣中において狙撃されたという有名な説もある（『上杉年譜』）。狙撃かどうかはともかく、野田において没したという説もたしかにあったようだ（『天正玄公仏事法語』所収の禅僧快川紹喜《かいせんじょうき》による七回忌にさいしての法語）。

信玄の病没により、武田軍による三河・遠江攻めはいったん休止され、兵を返した。その後武田家の家督を継いだ武田勝頼は、山家三方衆に対し、信玄により安堵されていた所領について、ひきつづき安堵するなどの処置をおこなっている（『松平奥平家古文書写』）。

その文書は、六月晦日付であり、長篠の菅沼正貞・田峯の菅沼定忠・作手の奥平定能《さだよし》三名に宛てられている。この文書を読み解いた平山は、すでにこの時点で東三河の牛久保領をめぐって田峯菅沼氏と奥平氏とのあいだに対立が生じていることが懸念されていると指摘している。

その直後、奥平定能は武田氏のもとへ家臣を派遣し、所領問題を訴えたものの、取りあげられなかった（『松平奥平家古文書写』）。武田氏による山家三方衆内の所

野田城址（著者撮影）

領に対する方針は、武田氏の主導で決定するのではなく、三方衆内の談合のうえ配分せよというものであり、その姿勢は変わらなかったからである。

すでに平山によって指摘されていることだが、山家三方衆のなかでの奥平氏の位置づけについて、ここで確認しておきたい。

武田氏家臣春日虎綱の口述をもとに江戸時代初期に成立した『甲陽軍鑑《こうようぐんかん》』（本篇巻八）に、「甲州武田法性院信玄公御代惣人数事」という配下諸将の軍役規模の一覧がある。このなかの「遠州・三河先方衆」に、山家三方衆の名前が出てくる。それによれば、奥平美作守《みまさかのかみ》百五十騎、菅沼文左衛門（長篠の城主）四十騎、菅沼新三郎（田峯の城守）四十騎とある。先方衆とは、戦国史研究者・丸島和洋によれば、武田氏にとっての外様国衆を呼ぶ表現とのこと。

実際の数字とは隔たりがあるようなので、あくまで相対的な比較のための数字にすぎないけれども、奥平氏は田峯・長篠の両菅沼氏を合わせても、これにほぼ倍する規模の軍勢を率いる国衆であったようであり、三方衆のなかでの存在もおのずと大きなものがあったと思われる。

そういう奥平氏だが、ほどなく武田氏から離反してしまうのである。

平山は離反の原因を、信玄死去に動揺したからだとする『甲陽軍鑑』などに見られる従来の説を否定し、右に述べたような山家三方衆内部の対立と、それを解決してくれない武田氏に対する不満によると推測している。『松平奥平家古文書写』に収められた文書の分析にもとづく推論として、説得力がある。

徳川家康による長篠城攻め

奥平氏が家康の調略を受け、武田氏を離れ徳川氏についたのは、天正元年（一五七三）八月のことである（元亀四年は七月二十八日に改元され、天正元年となる）。右に述べた勝頼の所領安堵から約二ヶ月後のことであった。この間何があり、離反後奥平氏はどう動いたのか、強右衛門の運命を大きく変えることになったできごとのひとつであるため、このときの奥平氏当主である定能とその嫡男信昌ふたりの動きに注目して、やや丁寧に見てゆきたい。

四月に信玄が没した後、これに乗じ家康は五月上旬、兵を駿河に出し、同国久能《くのう》・根古屋《ねごや》・駿府などを攻めたという報告が、越後の大名上杉謙信のもとに届いた（『赤見文書』）。高柳はこのできごとに懐疑的であるが、家康が遠江の掛川まで出撃したことは可能性が高いとする。寛文《かんぶん》七年（一六六七）の序文がある徳川創業史のひとつ『治世元記』によれば、その後家康は、重臣酒井忠次の居城であった三河の吉田城に入り、五月十四日には長篠城を下見したという。

長篠城址（湯浅大司撮影）

このとき長篠城には、武田氏に従っていた山家三方衆の長篠菅沼氏（伊豆守満直・右近助正貞）にくわえ、信濃小県《ちいさがた》郡の国衆室賀《むろが》信俊や小笠原信嶺の一族・家臣らが入り、守っていた。

長篠城は、寒狭《かんさ》川（現在の豊川）と大野川（現在の宇連《うれ》川）の合流点北部に扇状に広がる台地上に構築された城郭であり、それぞれの川岸が三十から五十メートルの断崖になっていることもあり、軍事・交通上の要地であるとされている。

後世につくられた記録のうち、江戸時代初期に成立し、内容も比較的信頼のおける史料とされている『当代記』によれば、家康は七月二十日から長篠城攻撃を開始した。徳川軍が城内に火矢《ひや》を射入れたところ、城内の建物が焼失したという。

家康譜代の家臣である大久保彦左衛門忠教《ただたか》が著し、寛永《かんえい》三年（一六二六）に最終的に成立したとされる『三河物語』では、火矢を放ったところ、「案の外に、本城・は（端）城・蔵屋共に、一間（軒）ものこらず」焼失したという。ただし、焼失したのは二ノ丸という説もあり（『寛永諸家系図伝』など）、はっきりはわからない。

いずれにせよ、曲輪《くるわ》のひとつにある建物を失った長篠城兵はさらに追い詰められ、徳川軍も攻勢を強めたものと思われる。これに対して武田氏は、長篠城を助けるため（これを当時の言葉で「後詰《ごづめ》」「後巻《うしろまき》」という）、重臣馬場信春や勝頼の従弟信豊らが率いる軍勢を差し向けた（『当代記』）。

このうち信豊と土屋昌続《まさつぐ》が率いる五千の兵は、奥平氏の作手（亀山城）に入った。このとき作手には、奥平氏一族のほか、武田氏のうち信濃衆が在番していた。勝頼は七月晦日付で定能と彼の父奥平道紋《どうもん》（貞勝）に宛て、自身もいずれ出陣予定であることを伝え、すでに後詰として派遣している諸将と相談しながら徳川軍を攻撃するよう命じている（『松平奥平家古文書写』）。

すぐあとで述べるように、定能・信昌父子宛に家康が起請文を書いたのは八月二十日のことだから、二人が離反したのはそれ以後のことになるだろうか。長篠城を包囲する徳川軍を挟撃しようとしていた武田軍の作戦は、この離反により変更を余儀なくされた。勝頼は、二十五日付で家臣山県昌景に宛て書状を出し、穴山信君《のぶただ》や武田信廉《のぶかど》らと談合して長篠の後詰をするよう命じ、徳川軍への攻撃を強く望んでいる（『尊経閣古文書纂』）。

しかしそれもむなしく、長篠城の守将室賀信俊や菅沼氏らが降伏し、開城したのは九月八日のこととされる（『当代記』）。信俊らは助命され、鳳来寺筋に送致された。家康は長篠城に一族の松平景忠らを置き、遠江にあった武田軍を掃討するため陣を移した（『五井深溝松平同姓系譜』『松平記』）。かくして長篠城は徳川氏の支配下に入ったのである。

奥平定能父子の内通

作手の奥平定能・信昌父子が家康に内通し、武田氏から離反したのは、八月二十日以降のことと思われる。同日付で家康が二人に宛てた起請文のなかで、次のようなことが約束されている（『譜牒余録』）。

①今回取り交わした縁談により、九月中には祝言《しゆうげん》を執りおこなう
②本領や日近《ひしか》（比志賀・愛知県額田町）、遠江の知行について安堵する
③田峯菅沼氏や長篠菅沼氏の知行地についても両者にあたえる
④新たに知行地三千貫をあたえる。このうち半分は三河、残りは遠江においてあたえる

⑤三浦氏の旧領については、今川氏真に事情を説明して相談する
⑥信長の起請文も取って進める。信濃伊那郡のことについても信長に取り次ぐ

①にある縁談・祝言とは、信昌と家康長女亀姫の婚姻を指す。家康は、息女を信昌に娶《めと》らせるだけでなく、山家三方衆の両菅沼氏の知行地や新たな知行地の給付を保証し、さらに信長からも起請文を出してもらうことを約束している。対武田氏の作戦を進めるうえで、家康の背後にいる信長の保証も獲得し、さらに武田氏を討ったあとのことか、信濃伊那郡についての口入れも約するなど、定能父子に対する厚遇は明らかであり、この家康による好条件の提示により、定能父子は徳川方につくことを決意したのだろう。

しかし、作手の奥平一族が一枚岩で武田氏から離反したとも言えないようである。『当代記』によれば、定能の父道紋や、定能の弟常勝らは亀山城に籠城したままだった。江戸時代貞享《じょうきょう》年間頃（十七世紀後半）、幕府が諸大名以下諸家から提出されたその家の記録を寛政十一年（一七九九）にまとめた『譜牒余録《ふちょうよろく》』によれば、道紋は、定能らが相談なしに事を進めたことに立腹したものの、その後合流したという。しかし、亀山城から立ち退くことを拒否したという説もある（『御家譜編年叢林』）。

定能父子の徳川氏との交渉はいつ頃から始まったのだろう。平山は定かではないとことわ

奥平信昌像（盛徳寺蔵）

りながら、長篠城攻防戦が始まった七月二十日以降に本格化したと推測している。

幕府が諸家から提出された系図を寛政年間（十八世紀末）頃に集成した『寛政《かんせい》重《ちょう》修《しゅう》諸家《しょか》譜《ふ》』中の奥平氏系図によれば、八月某日、定能が内通のための使者として家臣夏目治員を家康に遣わしたとする。『寛政重修諸家譜』はもとよりずっと後の時代に成立した系図だから、そこに書かれた内容は慎重な検討が必要であるが、参考までにそのなかにある記事を紹介すれば、定能は黒瀬（玖老勢、もしくは旧作手村内の黒瀬。いずれも現在は新城市）の陣にあった武田信豊から召され、徳川方内通の噂があることを問い詰められたとする。定能は申し開きをおこなってその場はうまく難を逃れ、その日の夜に城から脱出したという。

定能は内通の決断を主だった一族・老臣にしか知らせず、内通を知らない家臣たちに対しては、自分が信豊から呼ばれたときには人数を集めておき、信豊から知らせがあったときにすぐ動けるようにせよと言い置いて黒瀬に出向いたが、実は亀山城を退去するときに備えて軍勢を用意しようとしたものだとされている。

高柳は、家康が奥平氏調略にあたり提示した条件について、「相当思い切った事柄」「ここにその運命を賭けたともいわれ得る」と、立場以上の厚遇を表現している。定能父子の離反により武田軍が長篠城救援に全力を傾けられず、同城陥落につながったのであろうし、さらにこれはあくまで結果論にすぎないが、信昌がその後、長篠城を守ったことが、長篠の戦いの勝利をもたらしたとも言える。

作手退去後の定能父子

亀山城を脱出した定能父子一行の数はとても少なかったので、徳川方も長篠城から彼らを支援するための軍勢を派遣した。本多広孝らが率いる軍勢は、定能らと合流し、亀山城をうかがったものの、武田軍が同城守備に軍勢を増強したため攻撃できず、宮崎城（愛知県額田町）まで後退せざるをえなかった。一説では、武田軍が追撃してきたため応戦したものの、防ぎきれずに宮崎まで退いたという。『当代記』はこれを八月二十六日のこととする。

このとき定能父子に率いられ亀山城から脱出した人数はどのくらいいたのだろうか。同時代史料からはわからず、『当代記』では、最初「奥平人数甚少也」と記し、そのあとでは、脱出後所々に人数を配置したため、父子のもとには二百騎しか残っていなかったとする。

いっぽう、江戸時代末期の文政五年（一八二二）に、奥平家（中津藩）がそれまでのさまざまな記録などをもとに編纂した家史『御家譜編年叢林』では多少詳しく、信昌は定能と分かれて長篠城に入ったとし、「公（信昌）ノ此《この》城（長篠）ニ移リ玉フ時、七人ノ一族・五人ノ家老、其外古親類・騎士・軽兵六十人、雑兵共弐百五十人ヲ寿昌公（定能）ヨリ譲玉フ、コレ臣下ノ半《なかば》也、半ハ寿昌公ニ従フ」とある。

半分の約三百人が定能から信昌麾下として分けられたというから、六百人ほどが従っていたという計算になるのだろうか。あるいは、脱出後に馳せくわわった人数もこれに含まれているのだろうか。同書ではこの記事の典拠を「享保譜《きょうほうふ》」としている。享保年間（十八世紀初頭）に編まれた奥平家の家譜だと思われるが、何にあたるのかは特定できない。

後の時代の信頼性を欠く史料にこだわったのは、強右衛門がこのなかの一人として含まれていただろうからである。

奥平家から分かれた松平家（奥平松平家）が江戸時代中期に編んだ家臣の由緒書『勤書《つとめがき》』（行田市郷土博物館所蔵『奥平家文書』、現在残っているのは写本）中に、鳥居家の由緒書も含まれている。詳しくは第三章で触れるが、このなかで強右衛門（鳥居家の初代）は、作手において定能に仕えたとある。

もちろん、これまた子孫が主家に提出した由緒書の内容であることを頭に入れておかねばならないが、約二年後にやってくる長篠城落城寸前の重大局面において、支援を伝える使者となったことを考えれば、強右衛門がこの天正元年八月、作手の亀山城から定能・信昌とともに脱出した侍のなかにいたと考えても無理はなかろう。

定能父子の家康への内通がはっきり日付でわかる天正元年八月二十日から、強右衛門の運命の日まで、六百六十四日である。

長篠城を奪われた武田氏の動き

定能父子が武田氏から離反し亀山城から脱出したため、武田氏に預けていた定能の子仙丸をはじめとした人質たちは殺害された。磔にされたという（『寛政重修諸家譜』）。

父子が拠った宮崎（瀧山）城は、塀もなく柵ばかりという、防御施設としてはお粗末なつくりであったらしい。『御家譜編年叢林』は、「此瀧山ト申ハ古城跡ニテ、去ル三月、信玄ノ命ニテ砦ヲ構、山家三方ニテ守ケル」ところであったとし、奥平氏は夜中に柵を構築したという。

その後、武田氏は五千の軍勢でここに迫り、攻撃を仕掛けてきた。ところが奥平勢は奮戦してこれをしりぞけ、逆に武田軍を追撃して損害をあたえた。『当代記』はこれを、仙丸たちが殺害された日とおなじ九月二十一日のこととする。

定能らはそこから赤羽根や島田郷へも出勢し、戦果をあげたというから（『当代記』『譜牒余録』）、この時点で奥平氏が拠る宮崎周辺から武田氏の脅威を取り除くことに成功したと言えよう。

信昌が長篠城の守将として同城に入ったのは、天正三年二月のこととされる。この一年八ヶ月（天正二年は閏月がある）のあいだ、定能・信昌はどうしていたのだろうか。

この間の奥平氏の動向を示す史料は見られない。先に、信昌が亀山城脱出直後、長篠城に入ったという『御家譜編年叢林』の説を紹介したが、入ったとしても一時的なもので、その後ふたたび宮崎に戻ったと思われる。このまま瀧山砦にあったと考えざるをえない。動向を示す史料がないということは、この間宮崎、ひいては三河をめぐって本格的に武田氏が攻撃を仕掛けてくるといった事態がなかったゆえとも言える。

実際に天正二年の武田氏は、まず正月から二月にかけて東美濃の明知城・飯羽間《いいばま》城（岐阜県恵那市）などを攻略した。先ほど「本格的に」という留保をつけたことをお気づきの読者もいるかもしれないが、平山は『甲陽軍鑑』を引きあいに出し、武田氏は信濃の馬籠城や三河の武節《ぶせち》城（愛知県豊田市）もこのとき攻略したとされていることに注意を向けている。

このうち武節城は東三河北部に位置し、矢作川・野入川・名倉川などに沿って信濃伊那郡・東美濃に通じる街道のある交通の要衝である。もともとここは田峯菅沼氏によって支配されていた城であった。このことから平山は、定能父子らの離反によりこの時点で武節が徳川方に奪われており、この地域は武田・織田・徳川三氏の勢力が入り組んでいたことを指摘している。

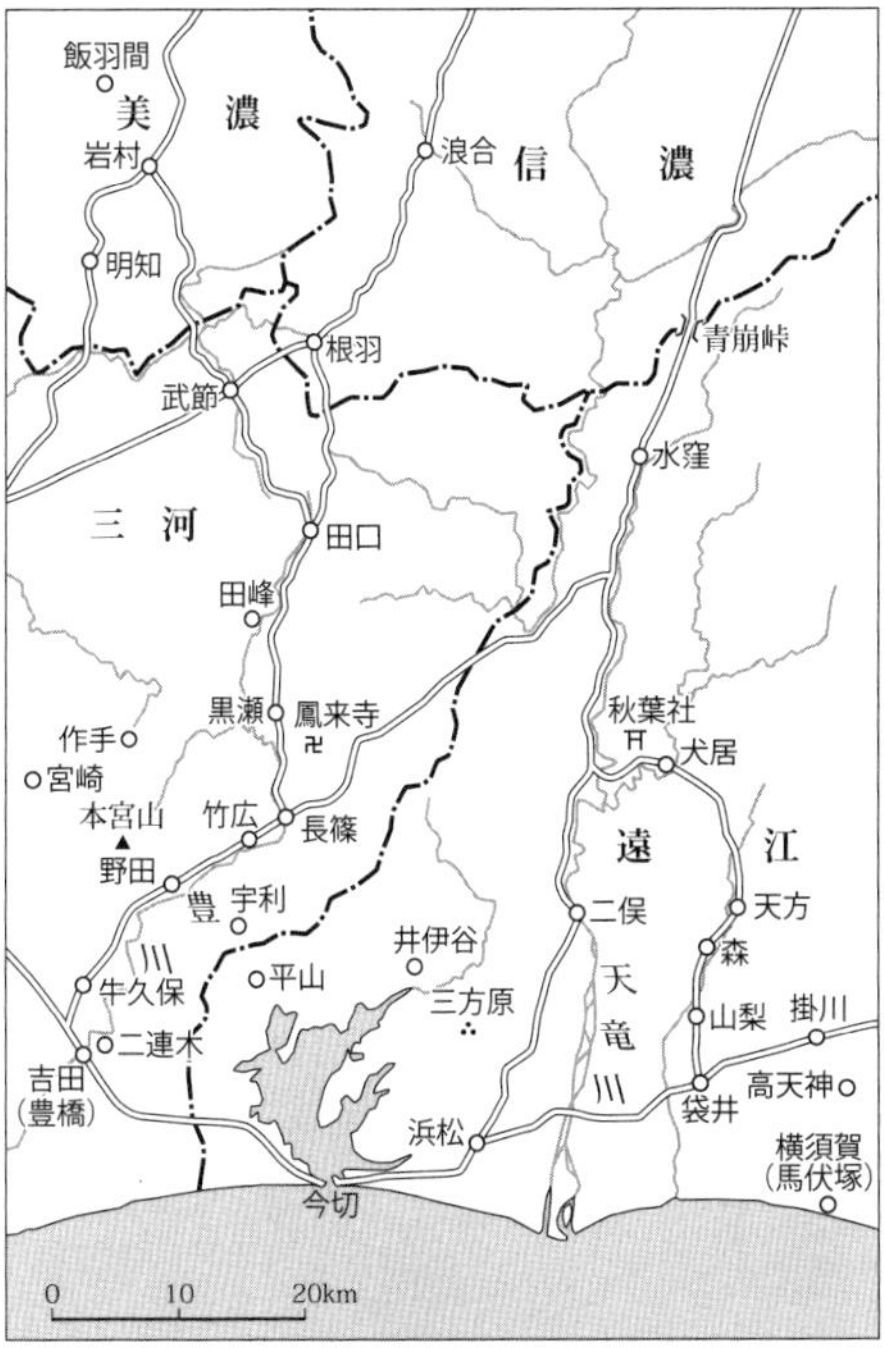

三河・遠江・美濃・信濃地図（高柳光壽『戦国戦記長篠之戦』77頁所載の地図をもとに作成）

さて、東美濃など織田・徳川領国と接する拠点の一部を奪うことに成功した勝頼は、次なる攻撃の矛先を遠江の高天神《たかてんじん》城に向けた。ここも元亀三年十月の信玄による徳川氏攻撃以降、両者の勢力が接する場所に位置し、城主小笠原氏助はこの時点で徳川氏に従っていた。

高天神城攻撃は天正二年五月におこなわれた。武田軍の攻撃に抵抗するいっぽうで、氏助は早くから開城の交渉をつづけていたが、なかなかそれがまとまらず、最終的に六月十七日に開城され、氏助は武田氏に降《くだ》った。開城が遅れた理由について平山は、城内の徹底抗戦派と開城派とのあいだに対立があったからだと推測している。

攻撃開始時、信長は上洛中であり、五月中に岐阜に戻ったものの、軍勢や兵粮の確保に手間取るなどの原因により、家康の待つ吉田城に入ったのは、高天神城が開城したのとおなじ六月十七日のことであった。

籠城をつづけていた高天神城から、援軍を求めるべく家康のもとへ派遣された使者に、匂《さぎ》坂牛之助《さかうしのすけ》という人物がいる。まるで長篠城の鳥居強右衛門のようである。牛之助については、いずれ第八章において強右衛門との対比のなかで触れるつもりである。

奥平信昌長篠城に入る

天正元年九月に、長篠城をはじめとする東三河の各地を徳川方に奪われた武田勝頼だが、翌二年には東美濃や遠江といった三河の周辺地域を侵略するにとどまり、本格的な三河への攻撃はおこなわなかった。しかし逆に、これらの地域が武田氏の支配下に入ったことにより、次は東三河が攻撃対象となるという危機意識は信長・家康にあったものと思われる。

その対策のひとつが、奥平信昌の長篠城入りである。

信昌が長篠城に入ったのは、天正三年二月二十八日のことであった。信昌が長篠に移った理由について、『当代記』は、「宮崎には日下与の城無きに依ってなり」とする。前半部分が意味不明だが、起請文によって縁談を交わした信昌が守るにふさわしい城がなかったから、ということを表現したかったのだろうか。

さらに『当代記』は、長篠城は前々年九月からこのときまで「番持《ばんもち》」（城番が入って維持されていたこと）のままで、城の建物が破損して見苦しい状態であったのを、信昌が入って修築したため家康が喜んだとある。

先に天正元年のいくさのおり、徳川方によって火が放たれて建物が焼失したと述べたが、それ以来満足な修繕がなされないままであったと思われる。開城後、城番として入った松平景忠は三河五井《ごい》（愛知県蒲郡市）が本城であり、長篠は預かったにすぎず、じゅうぶんな普請までは手がおよばなかったのだろう。

信長はこの年の三月頃、家康に対し、「境目の城々へ入れ置くように」という指示を添え、近江鎌羽《かまば》にあった米二千俵を家康に贈った。武田方との軍事的境界領域にある城に対する兵粮米の支援である。家康はこのうちの三百俵を籠城用として長篠に入れたという（『当代記』）。家康は三月十三日付の書状にて、信長に対しこの御礼を述べている（『大阪城天守閣所蔵文書』）。

このときの信長の考えは、大坂本願寺攻撃に主目標を据えたために、後方において武田方からの攻撃を防ぐ役割を家康に期待していたのであり、家康もこれを理解したうえで、籠城という長期戦を予期して長篠に兵粮米を蓄えさせたと考えられる。この点については詳しくは別のところに書いたのでくりかえさない（拙稿「織田信長にとっての長篠の戦い」）。

『当代記』では、信長から支援された二千俵のうち三百俵が長篠城に入れられたとあるのみで、三河の他の諸城はどうだったのか、明らかではない。長篠以外にも籠城に備え兵粮米が蓄えられた城があったと思われるが、結果的にすぐあとに起きた長篠の戦いへの伏線ということなのか、長篠城だけが特記されているようにも思われる。

後世の記録ではあるが、五月に武田軍が長篠城を攻めたとき、城内の兵はわずか二百人にすぎなかった（『武徳編年集成』、人数については第二章でまた触れる）とあることを考えても、とくに家康は長篠城に重点を置いて守りを固めたというつもりはないのかもしれない。勝頼が長篠城を包囲し、その後、長篠の戦いにおいて大敗したという結果があるため、長篠城の絶対的重要性ということを考えがちだが、武田氏の攻撃に備え、家康・信長がこの城をどの程度まで重要視していたのか、いま少し検討をくわえてみる余地はあるように思われる。

なお、信昌と一緒に家康に帰順した父定能は、奥平家の系図・家譜類を見ても信昌とともに長篠城に入ったことは確認できず、逆に長篠城攻防戦のおり家康のもとにあったとする後世の史料があるので、長篠城には信昌が守将として入ったものと考えられる。

信昌が長篠城に入ったとき、鳥居強右衛門もこれに従っていたと考えてよかろう。強右衛門の運命を大きく変える長篠城入りであった。天正三年二月二十八日は、運命の五月十六日から七十六日前のことであった。

第二章　長篠城攻防戦と鳥居強右衛門

天正三年における武田氏の三河侵入

本章では、鳥居強右衛門の出番となった天正三年五月における長篠城をめぐる攻防戦の顚末を見たあと、強右衛門の活躍を記す最も古い史料である『三河物語』『甫庵《ほあん》信長記』に、強右衛門の死がいかに描かれているのかを詳しく紹介したい。

天正三年に入り、武田勝頼が三河に向けて軍事行動を起こしたのは、太田牛一の『信長記』によれば三月下旬だという。このとき信長は上洛中であったため、嫡男信忠が尾張衆を率いてこれに対処した。

武田軍が本格的に三河へ向け兵を動かしたのは、四月に入ってからのことである。上旬頃から軍勢召集をおこない、信濃から三河へ侵入した（『慈雲寺文書』『工藤家文書』）。まず出陣した先勢は、十五日に足助《あすけ》城（愛知県豊田市）を取り囲んだ。十九日に城主鱸《すずき》越後守が降伏して、同城を奪取する。先勢について、彼らを率いた勝頼従弟の武田信豊と家臣山県昌景は「御先衆」と呼んでいる（『徴古雑抄』所収文書・『孕石文書』）。

なぜ武田軍はまず足助を攻撃目標としたのだろうか。

近年の柴裕之・平山優両氏の研究では、以前から知られた事件ではあるが、岡崎で起きた

足助城址（著者撮影）

「大岡弥四郎事件」とのかかわりが徳川氏内部の問題と絡んで再注目されている。

大岡弥四郎事件とは、家康譜代の中間《ちゆうげん》で、三河奥郡二十余郷の代官を務めていたとされる大岡（史料によっては大賀とも表記される）弥四郎なる武士が勝頼に内通し、仲間を誘って岡崎城を奪い、武田軍を岡崎に引き入れようと企てたものの、計画が仲間の翻意により未然に発覚し、捕えられ、処刑された事件である。

この事件を記した最も古い史料である『三河物語』では、天正三年のこととしか記されていない。ただ同書中では、弥四郎の計画を聞いた勝頼が喜び、「しからばもっともこの事急げとて、作手筋へ御出馬ありける」とあり、つづけて長篠の戦いをめぐる記述に入るので、その直前のできごととみなしている。

高柳光壽は、弥四郎が内通したことは認めながら、勝頼が弥四郎の言葉に従い出馬したことについては懐疑的である。たしかに『三河物語』そのままではないかもしれない。

この時期、家康の同盟相手である織田信長は、大坂本願寺を攻めるため河内・摂津に出陣中であった。勝頼は自身の出陣の動機を、「信長が上洛して本願寺を攻めたので、その後詰を第一に考えての行動です」と述べていることや（『武田勝頼書状』）、武田軍先勢が足助を攻撃したことなどから、信長の本願寺攻撃と弥四郎の計画の進行がほぼ合致した好機をとらえ、勝頼は岡崎方面に兵を向けたと考えてもよいように思われる。

武田軍の先勢が足助城を落とし、四月十九日に城主鱸越後守父子の身柄を確保したことにより、その周辺にあった徳川方の浅賀井・阿須利・八桑《やくわ》・大沼・田代などの諸城もみずから降伏して開城した。武田軍はいったん作手に入り、次に野田城の攻略に向かった（『徴古雑抄』所収文書・『孕石文書』）。

野田城の守将は、徳川方についた菅沼定盈であった。前章で述べたように定盈は元亀四年二月に攻撃を受けたさい一度は武田軍に降伏し、人質交換により解放された。その後天正二年に家康に乞うて、もともとの居城であった野田の地にふたたび戻ってきたらしい。『当代記』や『菅沼家譜』によれば、野田本城や近くの根古屋城は前年の武田軍による攻撃で破壊されていたため、大野田にあった「浄古斎古屋敷」と称される一画を修築して、ここに拠ったとされる。

山県昌景や小笠原信嶺を将とする武田軍は、山家三方衆を案内者として、定盈の守る新たな野田城（浄古斎古屋敷）の攻撃にかかろうとした。しかし定盈は、武田軍の旗指物を目にしたらすぐさま城を明け退《の》いてしまったという（『徴古雑抄』所収文書・『孕石文書』）。これらのいくさがあったのは、四月下旬のことと思われる（『菅沼家譜』は二十八日深夜とする）。

武田勝頼の三河入り

それでは先勢とは別に、勝頼自身（あるいは勝頼率いる本隊）はどのように動いたのだろうか。

柴・平山は、勝頼は四月十二日に信玄三回忌法要を営んだあとに出馬したと指摘している（この考え方については、三回忌はそれ以前に前倒しで営まれたとする鴨川達夫の見解もある）。

これは『甲陽軍鑑』や、その後に成った『家忠日記増補追加』の記事ではあるが、勝頼は信濃から遠州平山越を経て、三河宇利に出てきたとある。つまり先勢とは別経路で三河に侵入したというのである。平山はここから、勝頼の進軍経路を、甲府・諏方・高遠・青崩峠・犬居谷・二俣・平山（静岡県浜松市）・宇利峠（新城市）と想定している。

いっぽう『大須賀記』には「鳳来寺口」から入ったとあり、これを考えれば右の経路よりはやや北寄りになろう。また、第一章にも登場した『治世元記』には、勝頼が武節に出馬したものの、弥四郎の謀叛が露見したため、軍勢を二つに分け、五月六日に二連木《にれんぎ》・牛久保を攻撃したとある。武節に出馬したという点、先勢と同様の経路をたどったように考えられるが、後述する武田軍による六日の牛久保攻撃と混同されていると考えられ、『治世元記』の記事はやや信憑性に劣る。

勝頼が四月二十八日・同晦日に出した書状（『武田勝頼書状』『水野壽夫氏所蔵文書』）を見ても、彼がどのような経路で三河に入ったのか、野田城攻めに勝頼の本隊もくわわっていたのかどうか、わたしたちにとっていくつかの解釈が可能な文章であり、判然としない。先勢同様、足助・作手を経た経路か、遠江宇利経由で入った経路か、それより少し北から入ったか、いまはこれらの説を示して今後の検討に委ねたい。

確実なのは、勝頼の軍勢が、家康が籠もる吉田城に向けて進軍し、四月二十九日に同城の二キロ東方に位置する二連木城を攻撃したということである（『水野壽夫氏所蔵文書』『徴古雑抄』所収文書・『孕石文書』）。

もともと家康は居城浜松にあったと思われるが、武田軍の動きに対応するため、吉田城に移動していた。家康嫡男の松平信康は、居城の岡崎から南東約十二キロメートルに位置する山中の法蔵寺（岡崎市本宿町）まで出て、陣を張った（『三河物語』）。法蔵寺は、吉田城のある三河国渥美《あつみ》郡から宝飯《ほい》郡を経て、岡崎城のある同国額田郡に入るところに位置する要地にあるため、武田軍の岡崎攻撃を警戒してここに布陣したのだろう。

二連木城址（著者撮影）

大岡弥四郎の陰謀が露見したこと、家康が吉田城に入ったこと、信康が法蔵寺まで進んできたため、岡崎の直接攻撃はむずかしくなったことなど、いくつかの事情が重なり、勝頼は次なる攻撃の標的を吉田方面に定めたのではあるまいか。

翌日の晦日に出された山県昌景の書状（『孕石文書』）によれば、二連木城の城兵は武田軍が城の搦手《からめて》に回ったことを察知して城を開城した。しかしその後、家康自身が兵二千を率いて吉田城から出撃してきたため、これと激突し、徳川軍を吉田城まで押し戻したという。両軍が激突した場所について、『三河物語』は「はぢかみ原」とする。ちょうど吉田城と二連木城の中間に「薑御園《はじかみみその》」という伊勢神宮領があったとされ（『日本歴史地名大系』)、そのあたりで野戦がおこなわれたのであろう。

　家康にとってみれば、手勢が少なかったため、武田軍との正面衝突を避け、吉田城に籠もるしか方策はなかったのかもしれない。吉田城への籠城を献策したのは酒井忠次とされている(『寛永諸家系図伝』)。

武田軍長篠城へ

　吉田城に籠城した家康に対し、勝頼はそれ以上攻撃することはしなかった。吉田城下での戦いがあった翌日の晦日に勝頼が家臣の下条伊豆守に出した書状(『水野壽夫氏所蔵文書』)では、前日の吉田での戦いを有利に進めたことを知らせ、「この上長篠へ一動《ひとはたらき》これを催すべく候《そうろう》」と伝えている。実際に武田軍が長篠城を包囲し、攻撃を開始したのは、この翌日五月一日のこととされる(『当代記』など)。

　このとき勝頼が発した「一動」ということばをどう解釈すればいいだろうか。現在わたしたちも使うように、主目的としていた仕事を成し遂げたあと、残った余力をもって「もうひと働き」する、と受けとめていいのだろうか。

「この上」ということばに続けて用いられていることから、どうもそういう理解でよささそうな気がする。ここまで述べてきたように、岡崎攻撃が頓挫した以上、出陣の本来の目的は失われた。家康が出陣してきたのでこれを攻めたものの、吉田城に籠もられ、それ以上の深入りはしなかった。そうした状況を受け勝頼は、軍勢を東に反転させ、前々年に奪われたうえに、離反した奥平信昌が守る長篠城を攻略するという「一動」を選択したのではあるまいか。

長篠城攻めというのは、このときの勝頼出陣当初の目的ではなく、種々の状況が変化していったすえにとられた行動であったのである。

長篠城の攻防戦

武田軍の長篠城攻めは五月一日から始まったという。武田軍は二万人ほどの軍勢で長篠城を取り囲んだ。勝頼は城の北の「円通寺山」に陣取った（『信長記』）。この山の名は現在確認できないが、いま長篠城址の北にある山が大通寺山と呼ばれている。そこからさらにやや北、城址から一キロメートル足らずのところに曹洞宗の古刹医王寺があり、そこが勝頼布陣地と推定されている。

またこれにくわえ、長篠城の東を流れる大野川（現在の宇連川）の左岸、城を見下ろすことができる鳶巣山《とびのす》に付城《つけじろ》（敵城を攻めるため構築した城）を築き、ここにも軍勢を置いた。『信長記』には鳶巣山しか出てこないが、ほか久間山《ひさま》にも同様の付城が築かれたという（『松平記』）。この久間山には、前々年徳川軍が長篠城を攻めた時も徳川方によって付城が築かれたようである（『菅沼家譜』。ただしここには「久間の中山」とある）。

こうした厳重な包囲のうえ、武田軍は長篠城を攻撃した。『信長記』には、金掘《かなほり》を使って二ノ丸まで進入したものの、城兵はこれを退け、塀などを付け直して抵抗したとある。金掘とは鉱山の坑夫であり、藤本正行によれば武田氏は攻城戦のさいしばしば彼らを使ったという。

少し後に成立した『当代記』では、金掘による攻撃は一日のこととされている。竹束によって仕寄《しよ》せをおこない、所々より「金鑿」を入れ、昼夜を分かたず攻めたという。仕寄せとは、城攻めのとき遮蔽物などを前面に立てて相手の攻撃を防御しながら攻撃対象に迫る仕掛けのことである。

長篠城攻めについて『信長記』には右の記事しかない。しかも二種ある自筆本のうち、岡山大学附属図書館所蔵池田家文庫本にしかこの記事は見られない。そこで『当代記』などから、その後の武田軍の攻撃をいま少し補足して見てゆこう。

次なる城攻めの前、六日には、武田勢がふたたび牛久保方面に出撃して所々を放火し、戻る途中に橋尾の堰を破壊したという。橋尾とは豊川沿いの場所にあり（愛知県一宮町）、ここに堰が設けられ、灌漑のため用いていたのだろう。「城攻めのとき、このようなことはしないものだ」と『当代記』は批判的に書いている。

それはともかく、牛久保方面への出撃にあたり、どこにいた武田軍がどの程度割かれたのかはわからない。目的は、徳川軍が長篠城に対する後詰としてやってくることを警戒し、少しでもその足を鈍らせるためであろうか。

『当代記』には、その後十一日から十三日のあいだに城攻めがあったことを記している。十一日には、渡合《どあい》と呼ばれる寒狭川・大野川合流点付近から竹束によって仕寄せをおこない、攻めたところ、城内から奥平氏の兵が攻撃してきたため、攻め衆は道具を捨て敗走した。翌十二日も仕寄せをおこなった。

十三日の子《ね》の刻（午前零時頃）には、瓢丸《ふくべまる》という曲輪を強襲した。高柳は、瓢丸を城の北にあった区域とする。瓢丸には土塁はなく塀のみであったため、攻め手は塀に鹿の角を引っかけ引き倒そうとしたものの、内側から縄をかけた柱でしっかりと支えていたので倒すことができずにいたところ、城内から横矢を射られ損害をこうむった。

しかし、いずれ瓢丸は危ないと判断した城将信昌は、瓢丸を捨て、その兵を「弁方ノ丸」（高柳は瓢丸の内側にあった三の丸と推定する）に移動させた。武田軍はこれに対して井楼《せいろう》（櫓）

を組んで攻めようとしたものの、城内より鉄砲や大鉄砲を放ってこれを撃退し、武田軍に七百から八百人の死傷者が出たという。大鉄砲とは、藤本によれば、おもに攻城戦や守城戦のさい用いられる大口径・長銃身の鉄砲のことである。

またこのときも武田軍は本丸西の隅の土塁に金鑿を入れ、これを崩そうとした。ここを崩されると城が危険だというので、城内から崩れた部分を修復しようとしたとき、城内の兵も多く討たれた。ただあとでわかったのは、この箇所は岩になっていて、もとより掘り崩すことができず、武田軍は城内の士気を低下させるため、掘ったふりをして外から持ってきた大石を川に落とし、物音を立てていたのだという。

奥平軍の奮闘

『当代記』には十三日の攻撃までしか書いていないが、城攻めは激突三日前の十八日までおこなわれていたようだ。

このとき信昌に属し城内にあった松平勝次は、この日酉《とり》の刻（午後六時頃）に武田軍が不意に城を攻撃してきたので、生田内匠《たくみ》とともにこれを防ぎ、敵を追い崩したものの深手を負い、その後死亡したという。長篠の戦い後の六月十五日、この武功に対し家康から感状が出されている（『記録御用所本古文書』『（旧）忍藩士従先祖之勤書』）。

ところで、このとき信昌とともに長篠城に籠城していた兵は何人くらいいたのであろうか。元文五年（一七四〇）頃、幕臣木村高敦が編んだ史書『武徳編年集成』には、「驍士二百人、火砲二百挺」、奥平家の『御家譜編年叢林』には二百五十余人（典拠「享保譜」）とある。

史料を禁欲的に読みこんで極力信頼度の高い史料から長篠の戦いの「実像」を明らかにしようとした、戦国史研究者・太向《たいこう》義明は、『武徳編年集成』の二百人とする根拠がないことを疑い、せいぜい「数百」、具体的な実像は不明と慎重である。

正確な数字はわからないものの、攻撃側の武田軍が二万程度とされているので、その百分の一程度ということだろうか。圧倒的な劣勢と言ってよい。そうだとすれば、むしろよくぞ半月持ちこたえたと言うべきだろうか。

『松平記』によれば、当初家康は徳川軍だけで後詰にあたろうとしていたが、信昌から忍びの使者をもって伝えてきたところでは、武田軍は大軍であるため、とても徳川軍だけでは太刀打ちできない、信長にも協力を要請して早く後詰に来てほしい、さもなくば兵粮が尽きて落城は疑いないということだった。そこで家康は、五月十日に信長に援軍を要請する使者を派遣したという。

日付から考えて、このとき城内から派遣された「忍びの使者」は強右衛門とは別である。

それ以前から同様の使者が遣わされていたのだろう。

ここで落城寸前の理由に兵粮の問題があげられている。後述する強右衛門が使者となったときも、兵粮が尽きそうなのでということが援軍要請の理由のひとつにあげられている。第一章で触れたように、三月頃家康が長篠城に入れた兵粮は三百俵あったという。それから二ヶ月、三百俵では持たなかったのだろうか。

この点については、すでに高柳も疑問を呈しており、独自の計算によって五月までの食料はじゅうぶんあるはずと論じており、太向もこれに同意している。

たとえば、現在の自分たちの食生活と比較してみよう。当時は一般的に五斗（一斗＝〇・一石）で一俵とされているので、三百俵とは百五十石にあたる。現在日本人一人当たりの年間米消費量は約六十キログラム、つまりちょうど（現在の）一俵である（農林水産省ホームページ）。わたしが子どもの頃は年間一人一石（百五十キログラム）説があったような気がする。

小学生の頃ちょうど米飯給食が始まった（昭和五十一年開始）世代なので、すでにその頃から米の消費量は減少傾向にあったわけだが、このような数値を参考にしても、三百俵（百五十石）の米は、二百人程度の軍勢を二ヶ月支えるにはじゅうぶんな量のようにも思える。

三百俵という兵粮の量がちがうのか（もっと少なかったのか）、二百人という長篠城籠城衆の数がちがうのか（もっと多かったのか）、それとも、長篠城が落城寸前をむかえた理由が兵粮の問題にはなく、高柳が想定するように、たんに軍勢の圧倒的な差にすぎなかったのか。あとで引用する『三河物語』には兵粮の問題に触れられていないので、後の時代に長篠城の危機的状況を劇的に叙述するため、どこかに脚色がくわわっている可能性がある。

兵粮欠乏の話が出たので、ついでながら述べておく。江戸時代中期以降、幕末まで奥平氏が治めた大分県中津市では近年、毎年五月中旬に「中津城たにし祭り」が開催されていた。この籠城時、兵粮が少なくなるなか、城兵が堀に生息していた田螺《たにし》を食べて攻撃を堪え忍んだという故事にちなんでいる。

史料を見ると、江戸時代中期頃に奥平家で編まれた家譜『奥平家世譜』のなかに、田螺の挿話が出てくる。そこには、ちょうど籠城中の五月五日、城中に魚肉がなかったため、堀にいた田螺を採って端午の節句に供えたとある。

長篠城兵たちは、右に述べたような武田軍の度重なる攻撃をかろうじて撃退してきたものの、とうとうこらえきれなくなってきた。そのときに援軍を求める使者としてえらばれたのが、鳥居強右衛門であった。

強右衛門をめぐる根本史料

いよいよ強右衛門の出番である。彼の活躍を知るうえでの根本的な（最も古い）史料は、寛永元年（一六二四）に開版された『甫庵信長記』の整版本と、寛永三年（一六二六）頃に成立した『三河物語』のふたつである。

いずれも強右衛門の死から約五十年が経過した時期に書かれたものとなる。ただ、『甫庵信長記』の著者小瀬甫庵《おぜほあん》は永禄七年（一五六四）、『三河物語』の著者大久保忠教は同三年（一五六〇）の生まれと、強右衛門よりは一世代あととはなるが、ふたりとも同時代人と言ってよい。

このふたつの史料に描かれた強右衛門の活躍について、要約で済ませると臨場感が薄れ、第三章でその後に成立した史料と比較するときに説明しにくくなる。長くなるけれども、本書が主題とする鳥居強右衛門の行動を描く柱の史料となるので、ここでそれぞれ全文を引用しておきたい（句読点・ふりがな、括弧内の注は金子）。わたしたちが知る強右衛門の人物像は、このふたつの史料から始まっているのである。まずは味読していただきたい。

【甫庵信長記】（国文学研究資料館所蔵寛永元年板本）

然《しかれども》共兵粮且《かつがつ》尽《つき》シカハ、九八郎家正（ママ）城中ノ糧ヲ点検シテ見ルニ、当月ノ食ヲ出ス、急《いそぎ》此旨《このむね》信長卿ヘ注進シ、後攻《ごぜめ》ヲ請《こい》奉《たてまつ》ラントソ計《はかり》ケルカ、幾重共ナク囲《かこみ》ケレハ、鳥ナラテハ通《かよ》フヘキヤウモナシ、如此《かくのごとき》ノミ有テハ、終ニ涸魚《かくぎょ》ノ如ク成《なる》ヘキハ案ノ内也、迚《とて》モ遁《のが》ルマシキ道ニ迫リ来タレリ、誰カ吾《われ》ニ先《さきんじ》テ命ヲ軽《かろ》ンシ、出テ信長卿ヘ此旨可申《もうすべき》ソヤ、落去《らっきょ》ニ及ヒナハ、独《ひとり》トシテ残ルヘキ命ニテハナシト申《もうし》ケレハ、鳥井強右衛門進出《すすみいで》、某《それがし》君命ニ代リ諸卒ノ急難ヲ救《すくい》ミントソ申上《もうしあげ》ケル、九八郎イト深感其志《そのこころざしをかんじ》ツ、被申《もうされ》ケルハ、弓鉄炮等ニ事闕《ことかき》申《もうす》儀モ御座《おわし》マサス、唯糧尽《かてつき》、当月ヲ過《すごし》カタク候、此表御出勢御延引アラハ、家正一人切腹イタシ、士ノ命ニ代リ当城ヲ渡シ可申旨、委細ニ言上セヨト涙ト共ニ云《いい》ケレハ、其旨奉《うけたまわっ》テ候《そうろう》、吾《われ》母一人孺子《じゅし》一人御座候、御運開《ひらき》、御恩賞マシマサハ、孺子カオノホト〳〵ニ付《つき》テ御計《はから》ヒ奉恐《おそれたてまつる》也トテ出ツルカ、家老ノ人々ニ云置《いいおく》ヘキ事有《あり》トテ立帰《たちかえ》リ、今夜此囲《かこみ》ヲ出ナハ、向《むかい》ノ高山ニ煙ヲ挙《あぐ》ヘシ、左《さ》モアラハ弥《いよいよ》志ヲ堅《かたく》シテ家正ヘ忠ヲ尽《つくし》候ヘ、又立帰ラヌ道ニ極《きわまり》ナンモ不知《しらず》トテ、

　ワカ君ノ命ニカワル玉ノ緒ヲ何イトヒケン武士《もののふ》ノ道

ト云捨テ、五月十四日夜出ケルカ、翌朝相図《あいず》狼烟《のろし》立《たち》シニコソ、城中ハ夥《おびただ》シク競《きお》ヒケレ、十五日晩、岡崎ニ参着セシカハ、信長卿今夜当地御泊《おとまり》ノ由ニテヒシメキアヘリ、則《すなわち》是

ニテ可申上《もうしあぐべし》ト奉 待《まちたてまつる》処ニ、酉刻信長卿着《つか》セ給フ間、長篠籠城様体具《ようていつぶさ》ニ言上シ奉レハ、委細ニ被聞召《きこしめされ》、寔《まこと》幾重共ナキ囲ノ内ヲ出、九八郎命ニ代リ参来《まいりきた》ル事、深忠《しんちゅう》ノ至《いたり》也ト、不 斜《ななめならず》御感《ぎょかん》有テ、御返事ヲハ以飛脚《ひきゃくをもって》可被仰《おおせらるべし》トテ留給《とどめたま》ヘトモ、急立帰リ、九八郎ニ此旨申聞《もうしきか》セ、城中ニ力ヲ付ケントテ、御暇《おいとま》申上、十六日夜半ニ長篠ノ地ニ着テ、何ニモシテ城中へ入《いら》ント、透間《すきま》ヲ見計ヒケレトモ、堀ヲ掘《ほり》テハ柵ヲ付《つけ》、柵ヲ付テハ堀ヲ掘テ、柵ト鹿垣《ししがき》トノ間十間計《じっけんばかり》モヤ有ランニハ、真砂《まさご》ヲマキ、出入ノ人跡ヲ改メケレハ、哀隠形《あわれおんぎょう》ノ法モカナト十方《とほう》ニクレテ有シ処ヲ、勝頼カ家子《いえのこ》河原弥太郎アヤシノ翔《ふるまい》ヤト云モアヘス、手取足取勝頼カ陣屋ノ前ニヒツスヘタリ、然《しかし》テ逍遙軒《しょうようけん》ヲ以《もって》事ノ子細ヲ尋《たずね》ラレシニ、ワルビレタル気色《きしょく》モナク、聊《いささか》モ不残爾々《のこらずしかじか》ノ事ニテ参《まいり》タルト答《こたえ》ケレハ、唯今ノ申条《もうしじょう》尤《もっとも》左モ有ヌヘシ、然レハ一命ヲモ助ケ、所領モ望《のぞみ》ニ任セ可行《おこなうべし》、向後《きょうこう》当家臣ト成《なり》テタベヨカシト所望タル由申シカハ、辱《かたじけなき》御事無限《かぎりなし》トテ、ヤツレタル衣《ころも》ノ袖ヲゾシホリケル、夜更《よふけ》事静《しずまり》テ、逍遙軒貴方頼申《たのみもうし》タキ事侍《はべ》ル也、城中ノ親シキ者ヲ呼出シ、信長此表後攻之事思ヒモ寄《よら》ヌ事トモ也、我《わが》手前ニサへ、モテアツカフテ見エシ程ニ、急《いそぎ》城ヲ渡シ可然御座《しかるべくおわ》シマサント云《いい》テタヘカシト申ケレハ、畏《かしこまり》テ候、サラハ暁天《ぎょうてん》ニ忍寄《しのびより》、其事申候《そうら》ハン、某ニ目代《もくだい》ヲ御付《おつけ》候へト云シ程ニ、スクヤカナル侍《さむらい》十人計付テ出シケリ、柵ギハニ寄テ親シキ者ヲ呼出シテ、強右衛門コソ只今下《くだり》テ候へ、近《ちこ》フヨレ、信長卿ノ事申候ハント云ケレハ、扨《さて》モ珍《めずら》シキ声也トテ、二人出向《いでむかい》ケルニ、如何《いか》ニモ能聞《よくきき》テ云ヘ、信長卿当地ヘ二三日ノ内ニ着《つか》セ給フソ、丈夫ニ城ヲ持給ヘ、今生《こんじょう》ノ名残是迄《なごりこれまで》ナリト云モ果《はて》ヌニ、又取《とり》テ戒《いましめ》ケレハ、義ノ在所及急難改行易轍乎、唯此強右衛門ヲ害《がい》シタキヤウニシテ慰《なぐさめ》ヨカシト云テ、何事ヲモ云《いわ》サリケレハ、勝頼聞給《ききたま》ヒテ、義士也、可助《たすくべし》ト被申《もうされ》ケレトモ、終《つい》ニ申請《もうしこい》テソ切《きら》レケル、

【三河物語】（穂久邇文庫所蔵、原本の補入・訂正・抹消箇所は本文に反映させた）

然る所に、信長御出有而《ありて》、先手之衆は、はややわた（八幡）・市之宮・ほん（本）野が原に陣をとれば、上之助殿（信忠）は岡崎へ付かせ給へば、信長は地理う（池鯉鮒）へ付かせ給ふ。然共《しかれども》、長しの丶城はきつくせめられて、はや殊之外《ことのほか》つまりければ、忍ひ而鳥井すね右衛門と申者《もうすもの》出して、信長は御出馬か、見て参れとて出す、城寄《しろより》はやす〱と出候、此由を家康へ申上《もうしあげ》ければ、信長へ指被越《さしこされ》ければ、信長御　説《よろこび》　被成《なされ》而、御出馬之由仰《おおせ》つかわされければ、すね右衛門尉おうけを申而罷立而《まかりたちて》、竹田之せうやうけん（逍遙軒）の責口《せめくち》へゆき、竹たばをかづきて、早かけいらんと見合《みあわせ》ける処に、見出されて召とられ、勝頼之御前へ引出す、勝頼は聞召、其儀ならば、汝《なんじ》が命はたすけ置《おき》、国へ召つれ、過分に地（知）行を可出、然者、はり付にかけて城へ見せべき、其時ちかづき共をよび出し

て、信長は不出候間、城を渡せと申候へ、其時汝おもおろさん、と云ければ、すね右衛門尉申は、忝奉存候、命さへ御たすけ候はゞ、何たる事を成共可申候に、あまつさへ御地行を可被下と御意之候へば、目出度事何かあらんや、はやく〳〵、城ちかくにはた物にあげさせ給へと申ければ、其ごとく、城近くにかけければ、城中之衆、出ゝ聞ゝ給へ、鳥井すね右衛門尉こそ、しのびて入とて召とられ、如此に成而候へ、と申ければ、こと〳〵出ゝ、すね右衛門尉かと云、其時すね右衛門尉申けるは、信長は出させ給はぬと申せ、命を扶《たすけ》、其故地行おくれんとは申が、信長は岡崎迄御出馬有ぞ、上之助殿はやわた迄御出馬なり、先手は、市之宮・本野が原にまん〳〵ト陣取而有、家康・信康は、野田へうつらせ給ひて有、城けんごにもち給へ、三日之内に御うんをひらかせ給ふべしと、此由を奥平作しう（定能）と同九八郎殿と、親子の人へよく申せと云ければ、返つて敵のつよみを云やつなれば、はやくとゞめをさせとて、とゞめをそさしける、

史料が語る使者・強右衛門

以下、いまあげたふたつの史料からわかる強右衛門の行動についてまとめておこう。煩雑になるので『甫庵信長記』を『甫』、『三河物語』を『三』と略記する。

最初にことわっておくと、強右衛門の名字は双方とも「鳥井」である。のちの史料でも「鳥居」「鳥井」両方の表記が見られるが、ひとまず子孫の名乗りである鳥居を用いる。

さて、信昌が使者を派遣しようと決断した理由として、『甫』は兵粮が乏しくなったこと、『三』はきびしい武田軍の攻撃に堪えきれなくなったことをあげている。ここからすでにちがっている。

強右衛門が使者になった経緯について、『三』はとくに何も記していない。いっぽう『甫』では、信昌（史料中では「家正」）が信長に後詰を要請する使者となってくれる者がいないか呼びかけたところ、強右衛門が名乗り出たとある。さらに『三』では、家康・信長のもとに着いて役目を果たすまでの叙述が「城からは簡単に出ることができた」とあるだけできわめて素っ気ないのに対し、『甫』のほうはやや詳しい物語が記される。

『甫』には、この役目を無事果たしたときには、子を才能に応じて取り立ててほしいと望んだあと、家老たちに対し、無事城を脱出したときには向かいの山に狼煙をあげることを約束し、「わが君の命にかわる玉の緒を何いとひけん武士の道」という辞世まで詠んでいるから、物語として効果的である。

長篠城を出発した日時は五月十四日の夜であり、家康のいる岡崎城に到着したのは翌十五日の晩であった。直線距離にして約三十七キロメートルの区間を一昼夜かかって移動したことになる。

毎年五月初旬に、新城市において長篠の戦いで討死した武士たちを慰霊する「長篠合戦のぼりまつり」が開催されている。そのなかで、彼が歩んだ（推定）経路をたどる「鳥居強右衛門戦国街道ラン」という催しが設けられている。参加者が走るのは約六十五キロメートルとのことだから、机上の計算からは想像できない距離があり、これに高低差もくわわって、苦難の道のりであったことが想像される。

強右衛門が岡崎に着いたとき信長はまだ到着しておらず、到着した酉の刻（午後六時頃）まで待って、信長に長篠城の危急を伝えた。ただし太田牛一の『信長記』には、信長は十四日に岡崎に到着し、十五日はそのまま同城に滞在中だったとあるから、『甫』が述べる信長と対面に至る経緯については、脚色の可能性がある。

信長は彼の働きを賞し、長篠城への返事は飛脚に任せようとしたものの、強右衛門は自身がこれを伝えようとして暇を申し、十六日夜半に長篠城まで戻ってきたという。往路を考えれば、ほとんど休むことなく長篠へ取って返したことになるだろうか。

捕えられ殺されるまで

強右衛門が捕えられる場面もやや異なる。『甫』では、武田軍が柵と堀を監視し、その間には真砂を撒いて足跡を改めるなど厳戒体制をとっていたため、城内に入れず途方に暮れていたところ、勝頼の家臣河原弥太郎に見つかり、捕縛されたとある。『三』は、信玄弟の武田信廉（逍遙軒信綱《しょうようけんしんこう》）の持ち場から、味方を装って竹束をかつぎ城に近づこうとしたところ見つかって捕えられたとする。うまく脱出できても、逆に城内に戻ることは容易でなかったようだ。

勝頼の前に引き据えられた強右衛門に対し、逍遙軒を通して、何の目的で城辺にいたのかを問われ、悪びれることなく包み隠さず任務を白状したので、勝頼は強右衛門を召し抱えて所領をあたえることを約束し、強右衛門もこれを受け入れたというのが『甫』である。

そのあと逍遙軒が強右衛門に対し、「信長がこちらに後詰に来ることは考えられないことだ。彼らは自分たちを相手にしてさえ持てあましているのだから。急ぎ開城するのが得策だ」と城内の味方を説得してほしいと要請し、強右衛門がこれを受諾した。

逍遙軒が、援軍要請の使者として派遣された人物をして城内の味方に何かを告げさせようとしたのなら、「後詰に来ることは考えられない」という使者の考え方を言わせることに矛盾がある。したがって、「信長がこちらに後詰に来ることは考えられないことだ。彼らは自分たちを相手にしてさえ持てあましているのだから」はあくまで逍遙軒の発想であって、彼が強右衛門に言わせたかったのは、そうした自身の考え方をもとに、「急ぎ開城するのが得策だ」ということだけだったと考えるのは深読みにすぎるだろうか。

これに対し『三』では、勝頼本人が強右衛門に対し、召し抱えて所領をあたえる見返りに、磔にかけて城内の味方の前に出すから、そのとき、信長の援軍は来ないから開城せよと伝えるよう要請している。こちらがわたしたちのよく知る物語であり、話の筋は通っている。すでにこの場面から、ふたつの根本史料のあいだに微妙な隔たりが存在している。

かくて武田方の要請を表面的に受けた強右衛門は、城内の味方の前に引き出される。磔の状態で出されたとあるのは『三』である。『甫』では、翌日十七日の暁天に実行しようと強右衛門が言ったので、警固の侍を十人ほど付けて城へ近づけたとあるだけで、どのような状態で味方の前に出たのかは描かれていない。

味方の前に出た強右衛門が告げた内容について、両者にそれほどの差は見られない。援軍はもう近くに来ている。もう二、三日の辛抱である、という状況を伝えて味方の奮起をうながし、自身の使者としての役目を全うした。

この強右衛門に対し、『三』では、「かえって敵の強みを言う奴」と武田軍によって殺害されたとある。どのようにして殺害されたのかは記されていない。『甫』では、この強右衛門のふるまいに、勝頼は「義士」だとして助命しようとしたところ、強右衛門自身が請うて殺されたとある。こちらもまた殺害方法についての細かな描写はない。

強右衛門が殺害された日について、『三』からは明らかではなく、『甫』の記事では十七日となる。強右衛門の墓のある甘泉寺の位牌には十六日と記され、後世の諸書もおおよそ十六日とする。高柳は位牌にしたがい十六日とし、太向もこれに賛成したうえで、逆に十七日とする『甫』の虚飾性を批判している。

意外にちがうふたつの史料

「はじめに」のなかで、強右衛門がどのようなことをしたために殺害されたのか、自分の頭のなかで再構成した〝物語〟を要約して述べた。これまで人前で強右衛門の話をする機会があったときにも、たいていこのようなことを口にしてきたと思う。

ところが、いまあらためて『甫庵信長記』と『三河物語』を読み直してみると、両者の内容にちがいが見られるだけでなく、「はじめに」で述べた〝物語〟も、そう簡単に一般化できないものであることを痛感した。これから第三章で触れるような、右の二書を土台にして後世に作られた史書や、第二部で詳述することになる「背旗」の図像が無意識に頭に入りこみ、自分自身の〝物語〟を創造してしまっていた感があり、書きながらじわりと冷や汗がにじんできた。

そもそも五十年後に成立した史料によって語らなければならないことが、よって立つ地盤の不安定さをもたらしている。『甫庵信長記』と『三河物語』、どちらが先に強右衛門の話を書いたのか、それぞれ独自の情報源によっているのか、おなじ情報源なのか、どちらかがどちらかに影響をあたえたのか、それも皆目わからない。

ひとつ興味深いのは、『甫庵信長記』には、右に本文を掲出した寛永元年の板本以前に、近年国文学者の柳沢昌紀《まさき》によって紹介された慶長《けいちょう》十七年（一六一二）五月の奉納識語《しきご》（奉納時の書き入れ）のある古活字版（早稲田大学図書館所蔵）があり、そこには強右衛門の話が見られないことである。古活字版とは、織豊期から江戸時代初期にかけ流行した、木製の活字を組んで印刷した刊本のことである。金属活字とは異なり、木製の活字は摩滅しやすく、大部数の出版にはあまり向かなかったとされている。

『甫庵信長記』には、慶長年間につづく元和・寛永年間にも古活字版があることが確認されている。国文学者の位田絵美《いんでん》によれば、元和八年（一六二二）に刊行された古活字版にも強右衛門の話はないとのことである。

これに対し、寛永元年（一六二四）の板本には強右衛門の記事（右に掲出した本文）が見られることから、元和八年から寛永元年に至るわずか数年のあいだに、著者甫庵は強右衛門の話をどこからか聞きつけ、自著に加筆したことになる。

いっぽう強右衛門の話を含む『三河物語』は、最終的に自筆本が成立したのは寛永三年だが、元和八年（一六二二）頃には草稿本が完成していたとされる（ただし草稿本に強右衛門の話があったのかは不明である）。それぞれ微妙な時間差で『甫庵信長記』古活字本・『三河物語』草稿本・『甫庵信長記』整版本・『三河物語』自筆本が成立しており、一方が他方の記事を取り入れたといった関係を想定できるかどうかは、きわめて困難な問題である。

事件から五十年を経て、別々のふたつの史書に、突如強右衛門の話が登場した。小瀬甫庵と大久保忠教、ほぼ同時期にふたりが別々に強右衛門のことをどこかから聞きつけて書いたような偶然が起こりうるのかどうか、これも何とも言えない。

このことからもわかるように、強右衛門の〝実像〟は、朦朧と立ちこめた霧の向こうに霞んで見えているかのようである。ついに霧は晴れなかったとしても、実像を虚像にしてゆく〝仕掛け〟がどんなものであるのかを知ることは大切だろう。次章では、その〝仕掛け〟を検討したい。

第三章　鳥居強右衛門伝説の成立

強右衛門をめぐる研究

本章では、江戸時代の初期に文字に記録され、『甫庵信長記』によって板本（印刷物）として一定程度流布した鳥居強右衛門の話が、江戸時代を通じていかに変容し、現在わたしたちが知るような話となっていったのかを見てゆく。

前章の末尾で用いた比喩を借りれば、おぼろげに確認できるにすぎなかった強右衛門の〝実像〟が、徳川幕府が支配する時代のなかで、次第に虚像としての輪郭を鮮明にするに至った経緯ということになるだろうか。

そうした史料の草むらのなかに分け入ってゆく前に、前章にて紹介した強右衛門をめぐる史料を読んで、「そもそも鳥居強右衛門という人物は本当に実在したのか」「五十年も後になって書かれた史料をもとに考えることに危うさはないのか」といった根本的な疑問を抱いた読者もおられたかもしれない。そこでまず、強右衛門という人物が実在したかどうかを考えてみることにしたい。

これまでなされた強右衛門の人物研究としてとくにあげるべきは、井口木犀《もくせい》『鳥居強右衛門』、丸山彭《ほう》『烈士鳥居強右衛門とその子孫』の二著である。

前者は昭和十八年（一九四三）に刊行された。著者の井口は明治二十二年（一八八九）岐阜生まれ、ほかに『尾参戦跡史』『長篠戦跡史』の著書もある地元の歴史家である。後者は昭和四十八年（一九七三）に刊行された。著者の丸山は、新城市（当時は鳳来町）長篠城址史跡保存館の館長も務めた、やはり地元の歴史家である。

いまや井口の研究から七十年以上、丸山の研究からでもすでに四十年以上が経過している。井口は「（奥平家には）強右衛門に関する資料絶無」と述べている。その後丸山の研究において、井口が触れていない鳥居家関係の史料がいくつか紹介されたほか、「落合左平次道次背旗」について詳しく述べているのが大きな進展だろう。

強右衛門をめぐる史料が乏しいなか、井口は強右衛門子孫の鳥居家や、強右衛門が仕えた松平子爵家に史料の有無を問い合わせたり、丸山はその書名から端的にわかるとおり、鳥居家やその分家、旗指物を作成した落合家を訪れて精力的な調査をおこない、文献史料だけでなくその墓所も探訪してそれぞれの家の系譜を詳しく復元しており、ふたりの強右衛門探究にかたむけた努力に圧倒される思いがする。

井口や丸山が調査をしていた頃は、世の中が江戸時代から明治へ、近世から近代へと変わってゆくなかで、その時代を生き抜いてきた人びとがまだ存命していたり、その記憶が濃厚に残っていた。それゆえ現在ではおこない得ないような、濃密な調査も可能であったと思う。

ふたりによる鳥居家・落合家の歴史復元は、強右衛門研究の金字塔と言って過言ではない。本書の土台となった調査もまた、とくに丸山の研究なしには不可能であった。

ただし、井口・丸山の研究ともに、現在の研究のあり方から見れば、史料批判が不十分だと言える。述べていることがらの史料的根拠が明記されていなかったり、検討なしに根拠に用いたりするなど、史料から明らかになるところとそうでないところが明示されないまま叙述されている。とりわけ井口の著書には、部分的に登場人物の会話体で話が進む、一種の小説仕立てになっている箇所があり、何をもとにこれらの話が組み立てられたのかはっきりしない。

丸山の研究は強右衛門研究の頂点と言うべきものである。ただ、その調査をふまえた近年の旗指物調査により新事実が明らかになったことや、本書でとくに意識している、虚像としての強右衛門像の成立といった歴史認識の観点から強右衛門に迫る試みによって、本書の存在意義もいくばくかはあろうかと思っている。

強右衛門は実在したのか

井口・丸山両氏の研究により、鳥居家に伝えられたという系図や口碑《こうひ》が紹介された。

それによれば、強右衛門は、父兵助、母佐与のあいだに天文九年（一五四〇）三河宝飯郡八幡《やわた》村市田《いちだ》（愛知県豊川市）に生まれ、幼名を兵蔵と言って二弟二妹があった。檀那寺松永寺《しょうえいじ》の住職や、軍師・学者に師事して文武に通じ、性剛直にして人に屈することを欲せず、みずから強右衛門と称したという。妻はゆきと言い、槍術の師筒井善右衛門貞兼の息女だとされる。

墓がある甘泉寺の位牌に享年が三十六とあり、後世の史料もほぼ一致して享年をそうしているので、それらを信じれば生まれた年は天文九年となる。それ以外の、幼名や父母・兄弟・妻の情報については、まったく確証はない。生い立ちや性格についてもまた同様である。

強右衛門の市田生まれという情報は、幕臣根岸直利《ねぎしなおとし》が編んだ宝永七年（一七一〇）の序がある『参州長篠戦記（四戦紀聞《しせんきぶん》）』が早く、のち奥平家で編まれた『御家譜編年叢林』（第二章参照）にもその記載を確認できる。後者の典拠には、いずれも未詳だが「永島譜」「石川譜」なる二種があげられており、少なくとも『参州長篠戦記』とは別の情報源によっている可能性が高い。

出身地については、昭和十五年に刊行された黒屋直房著『中津藩史』に、野田の石田村という異説が紹介されている。しかし井口は、この根拠は不明だとする。

こうなると、ますます強右衛門の実像は曖昧模糊たる感があるけれども、ここまで説明せずに言及してきた子孫鳥居家の存在だけが、強右衛門の実在を考えるよすがとなる。たとえ血がつながっていなくても、その家が現にある以上、その祖もいたはずだからだ。先祖がわからないために、その出自を高貴な身分につなげる（たとえば清和源氏や桓武平氏のように）こととはわけがちがう。江戸時代の人びとにとっての戦国時代の人物なのである。相対的にそれなりの現実味はあったであろう。

丸山は、埼玉県行田市の柴田家に伝えられていた忍《おし》藩士の先祖書『(旧)忍藩士従先祖之勤書』を典拠のひとつとして、強右衛門および鳥居家の系譜を復元した。井口が依拠した、鳥居家において作成されていた系図というのも、こうした先祖書のもとになったものだろう。

ここで忍藩について触れておきたい。忍藩は右に述べた現在の行田市を中心とする地域を藩領としていた。

長篠の戦いのとき、長篠城を死守した奥平信昌は、それ以前から約束があったとおり家康の長女亀姫を娶った。信昌と亀姫とのあいだには四人の男子があり、嫡男家昌は奥平家を継いだ。これに対し、次男家治は、外祖父家康に望まれその養子となり、新たに松平家を興したものの、天正二十年（一五九二）に十四歳で早世してしまう。

そのあと別に家康の養子とされたのが、家昌・家治の末弟（四男）忠明《ただあきら》である。忠明はこまで何度か触れてきた『当代記』の著者とも言われている。忠明の後裔松平家（俗に奥平松平氏とも呼ばれる）は、江戸時代に入り大名となり、三河作手・伊勢亀山・摂津大坂・大和郡山・播磨姫路・出羽山形・下野宇都宮・陸奥白河・備後福山・伊勢桑名を経て、文政六年（一八二三）に武蔵忍藩主（十万石）に封ぜられ、明治維新をむかえる。

家治が別家を立てたとき、信昌は主だった家臣たちの一部を彼に付属させた。彼らの多くは家治没後そのまま忠明に仕えたため、忍藩士の先祖書には、長篠城に信昌とともに籠城したとする家臣の家が散見される。そして、強右衛門の子孫と称する鳥居家もまた、この松平家に付属させられた家臣だったのである。

強右衛門の子孫

丸山が参照した『(旧) 忍藩士従先祖之勤書』は現在、忍城跡に建つ行田市郷土博物館に所蔵されている。十二冊あり、イロハ順に各家の由緒がまとめられている。成立は江戸末期から明治初頭である。この調査に赴いたところ、同館の鈴木紀三雄副館長から、『奥平家文書』の存在を教えられ、そこにも藩士諸家の由緒書《ゆいしょがき》集である『勤書』が収められていることを知った。

『勤書』は五冊あり、「勢州亀山」「摂州大坂」など、松平家がその地を治めていたときに

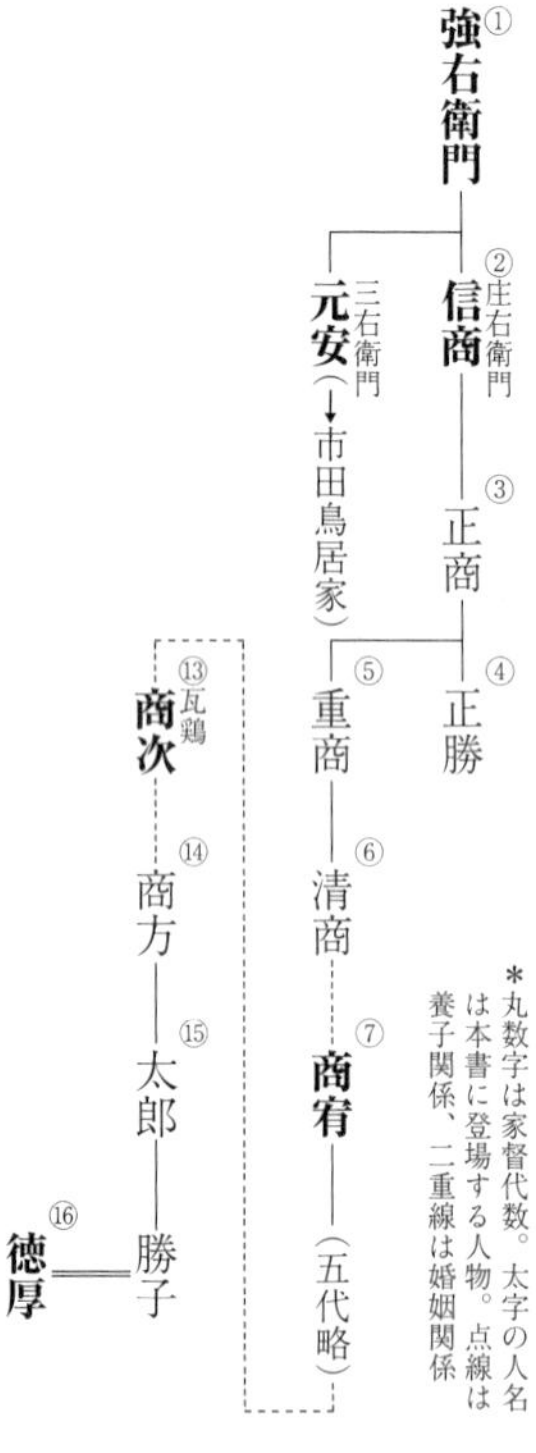

《系図1》鳥居家略系図

召し抱えられた家臣ごとに分類されている。成立は享保二年（一七一七）であり、鳥居家は「勢州亀山」の冊（第二冊）に由緒が収められている。丸山の依拠した『（旧）忍藩士従先祖之勤書』より早く成立していることもあり、以下、主としてこちらの『勤書』に記された強右衛門、およびその子孫の事跡を見てゆこう。

ちなみにこの由緒書を提出したのは、鳥居家七代目強右衛門（丸山によれば諱《いみな》は商宥）であり、初代から五世代あとの人物である。丸山作成にかかる系図を簡略化したものを掲げる（《系図1》）。

さて強右衛門は、奥平信昌の父定能が作手にあったとき召し出され、のち信昌に仕えたという（「貞能公参州作手御座なられ候時分召し出され、その後信昌公え御奉公仕《つかまつ》る」）。使者となり殺害された経緯も記されているが、概要は本章末に掲げる《表2》に示しているので、いまは省略する。没日は五月十六日、三十六歳であった。強右衛門について、これ以上の情報は記されていない。

子の強右衛門（以下二代目と呼ぶ）は、父の功により百石を給され、信昌に仕えていたが、前述のように家治に付けられた。家治没後、家康がそのまま召し抱える意向を示したものの、彼はみずから望んで奥平家に戻った。慶長五年（一六〇〇）の関ヶ原の戦いのときには信昌の下で参戦し、西軍の安国寺恵瓊《えけい》を捕えたという。

二代目はこの功によって二百石を加増され、合わせて三百石となった。その後忠明に仕えて大坂の陣にも参戦し、戦後大坂町奉行を務め三百石を、忠明が大和郡山城主となったときには百二十石を、さらに御番頭《ごばんがしら》を務めて二百八十石を加増される。寛永十六年（一六三九）に忠明が播磨姫路に移ったときさらに二百石加増され、最終的に千二百石を給された。その後、老齢により隠居し、同十九年に病没した。

二代目（当時は庄右衛門と称していた）が恵瓊を捕えたというのは、江戸時代前期の天和・貞享年間（一六八一―八八）に奥平家が幕府に提出した書上《かきあげ》（『譜牒余録』）や、元禄九年（一六九六）肥前平戸藩主松浦鎮信《しげのぶ》が編んだ戦国・江戸初期の武士たちの武功集『武功雑記』にも見える。主家奥平家の記録にあるということで、公認の武功といってよいだろう。

このように見てくると、鳥居家は初代・二代の親子ふたりによってとんとん拍子に出世を遂げ、松平家のなかでも大きな地位を築くことになったと言えよう。以降、鳥居家の代々は

行田市鳥居強右衛門居宅跡碑（著者撮影）
現在、行田商工センターの道路を挟んで向かいに建つ。

藩の番頭・寄合・年寄といった重職を歴任した。

文政六年（一八二三）の忍城絵図によれば、本丸の北東・大手門の内側に鳥居家の広い屋敷地が確認できる。以上によって、初代の実在は疑う必要がなくなったのではあるまいか。

実在か否かという点で参考となりそうなのは、大坂の陣のおり、亀姫が子の忠明に言い渡したとされる内容である。このとき亀姫は忠明に対し、先祖が忠死したので、とくに末代まで疎略に扱ってはいけない（「先祖は忠死致《いたし》候間、特に末々迄不被遊御如才《ごじょさいあそばれざる》旨に候」）者として、黒屋甚九郎と鳥居庄右衛門（二代）の二人を彼に付属させたという。

天正元年に奥平定能が武田氏から離反したとき、人質として武田氏に預けられていた定能の子仙丸が殺害された。黒屋甚九郎は、このとき仙丸に殉じて自害したとされる家臣黒屋甚九郎（諱は重吉とされる）の子である。

井口と丸山は、亀姫が忠明に右の文面の入った書状を出したと述べるが、書状は確認できなかった。『(旧)忍藩士従先祖之勤書』の黒屋家の項に記載のある挿話(そこには書状により伝えたとは書かれていない)として確認できただけなので、右の話の真偽は定かではない。もし亀姫の書状があるのなら、大坂の陣の時点で奥平家には強右衛門が「忠死」したという認識があったことになり、注目すべきである。

強右衛門の身分

初代強右衛門の話に戻ろう。使者となった彼は、当時いかなる身分だったのだろうか。強右衛門の話をしたときに質問を受けたことがらであり、自分としてもうまく答えられないでいた。

高柳は「諱が知られていないほどの身分の男」、井口は「余り身分のある武士ではなかった」、丸山は「諱がある程の身分ではなかったが、あっても不思議ではない」とする。さらに丸山は農家生まれ、つまり百姓であったとも書いている。貞享二年(一六八五)の跋がある幕臣遠山信春(小林正甫)が編んだ軍記『総見記《そうけんき》』には、「三百貫の小侍」とあるが、もとより根拠は不明である。

要するに出自がわからない、武士と百姓いずれとも判断しがたいほど低い身分であった可能性がある。強右衛門の死により、二代目が百石を賜ったとあることも参考になる。それ以前に給されていた禄は不明だが、鳥居家の認識としては、これによって限りなくゼロに近い立場から百石になったということなのである。史料から推しても、その程度であったとしか言えない。この点は、次に強右衛門に関わる史料を見渡してから、あらためて考えることにしよう。

『甫庵信長記』『三河物語』に先行する史料

以下、江戸時代において強右衛門の死について記した史料を紹介し、〝強右衛門伝説〟がどのように形成されたのかを見てゆきたい。取りあげるのは《表1》にまとめた二十四点である。基本的に成立年代順にならべ、成立年未詳のものは下にまとめた。ここまですでに言及した史料も何点か含まれている。ここからはその史料の初出時のみ書名をあげ、その後は《表1》に付した記号（アルファベット）のみで表記する。

前章で基本史料として引用したB『甫庵信長記』・C『三河物語』に時期的に先行する可能性のあるA『権現様御一代記』だけ、多少詳しく史料的性格と記載内容を述べておきたい。

著者は松平十郎左衛門忠勝とされ、彼は長篠の戦いのうち鳶巣砦をめぐる攻防戦において、

《表１》鳥居強右衛門について書かれた史料

	史料名	著者・成立年 【その参考となる情報】	所蔵
A	権現様御一代記 （松平忠勝記）	【1609年に没する松平忠勝の記録とされる】	国立公文書館内閣文庫他
B	甫庵信長記	小瀬甫庵・寛永元（1624）	多数
C	三河物語	大久保忠教・最終的な成立は寛永３（1626）	穂久邇文庫（自筆本）
D	織田信長譜	林羅山・寛永18（1641）	国立公文書館内閣文庫他
E	寛永諸家系図伝 （奥平信昌）	寛永20（1643）献上	国立公文書館内閣文庫
F	増補信長記	松平忠房・寛文２（1662）	島原松平文庫他
G	御当家紀年録	榊原忠次・寛文４（1664）	旧高田藩和親会
H	家忠日記増補追加	松平忠冬・寛文５（1665）	多数
I	武徳大成記	林信篤ら・貞享３（1686）	国立公文書館内閣文庫
J	譜牒余録（奥平家）	天和～貞享年間（1680年代）	国立公文書館内閣文庫
K	創業記考異	酒井忠挙説、松平忠明著・徳川光貞補説（17世紀か）	国立国会図書館他
L	戸田本三河記	（17世紀末頃か）	国立公文書館内閣文庫
M	御庫本三河記	（17世紀末頃か）	国立公文書館内閣文庫
N	総見記	遠山信春・元禄15（1702）	多数
O	参州長篠戦記 （四戦紀聞）	根岸直利・宝永７（1710）	多数
P	勤書（鳥居家）	享保２（1717）	行田市郷土博物館
Q	長篠軍記（長篠軍談記）	小野田小三郎・享保16（1731）	個人蔵
R	長篠日記	明和年間（1764-72）	個人蔵
S	柏崎物語	能勢市兵衛／三橋成方・寛政５（1793）序文	国立公文書館内閣文庫
T	寛政重修諸家譜	江戸幕府編纂・文化９（1812）完成	国立公文書館内閣文庫他
U	御家譜編年叢林	奥平家・文政５（1822）序	中津市立小幡記念図書館
V	奥平家世譜	（成立時期未詳） 【享保元（1716）までの記事あり】	中津城
W	参州長篠戦記	（成立年未詳）	国立公文書館内閣文庫
X	長篠軍記	（成立年未詳）	国立公文書館内閣文庫

徳川方の将として討死した松平伊忠《これただ》（深溝《ふこうず》松平家）の次男にあたる。弘治二年《こうじ》（一五五六）生まれ、慶長十四年（一六〇九）に没した。史料の末尾に没年前年の慶長十三年七月吉日の日付と忠勝の署名がある。原本は残っておらず、写本がいくつか伝来している。

内容は基本的に家康の年代記であり、家康の年齢にそって、一年一年その事跡を記すかたちになっている。関ヶ原の戦いのあった慶長五年までの記事がある。東京大学総合図書館が所蔵する抄写本（『松平十郎左衛門記（松平十郎左衛門忠勝筆記之写抄録）』）の書写奥書によれば、忠勝子孫が持っていた忠勝自筆の記録の副本から抄写をしたとある。

東京大学の抄写本自体は嘉永七年（一八五四）の作成にかかるが、この奥書を信じれば、慶長十四年に没した人物の自筆記録ということで、この手の史料としては成立が早く、注目される。ただし、これまでの研究ではほとんど注目されておらず、全体的な検討も不十分であるため、B・C以前に成立した可能性のある史料ということでお許しいただきたい。

さてAでは、強右衛門の話がどのように書かれているだろうか。そもそもここでの彼の呼称はただ「すね右衛門」とあるだけで、名字は記されていない。

強右衛門は、信昌が「城ノ様体」を家康へ伝えるための使者となった。近くまで出馬してきていた信長に対し、「使者を以て」城内の事情を伝え、信長から褒美を賜ったあと、長篠城に戻ってきたものの、武田方に捕えられてしまう。

成敗されそうになったとき、「勝頼のために有利になることを城に伝えるので、ちょっと待ってくれ」と走り出し（「勝頼へ能《よき》事申《もうす》へき、しはし命をのひさせ給へと降参して、走出」）、一両日中に信長・家康が援軍に来るので辛抱せよと叫んだ（「城よく持へし、一両日の内に信長公・家康公御馬出させ給ふ也と高音に呼《よば》はり」）。このあと武田方は強右衛門を斬ったという。

AがB・Cと異なる点として、捕えられた後、城内に武田方が有利になる内容を言うとみずから懇願したこと、磔にかけられた描写がないことなどがあげられる。

Bのように辞世の歌を詠むことはないし、B・Cいずれもが記すような、捕えられてから城内に伝える内容についての武田方（勝頼や逍遙軒信綱）との駆け引きも書かれていない。忠勝が記すのは、長篠城から遣わされた（名字もわからない）使者が、相手に捕えられ、斬られる直前に城内に援軍到着間近であることを必死の行動で知らせた、ということがらのみである。

このように、話が劇的になる要素が欠落している点は興味深く、ある意味真に迫っているのではないかという印象を持つ。

ただそのいっぽうで、処刑直前、城内に向かい武田方に有利なことを言うから時間をくれという〝最後のお願い〟を、武田方がそうやすやすと受け入れてくれるのかという現実味に、疑問がないでもない。「走出」という表現からすれば、武田方が許すかどうか判断するいとまもあたえないほど咄嗟の行動だったということなのかもしれない。

ひとまず、強右衛門に関する基本的史料であるB・Cに先行する可能性がある史料には、このように書いてあるということを紹介した。

強右衛門をめぐる史料と記事内容

《表1》に示した二十四点の史料に書かれてある内容を逐一紹介するのは冗長になるので、叙述上の要点をいくつかまとめ、それらについて各史料がどう異なるのか、いかに記事内容が変化するのかを述べたい。《表2》（本章末掲載）にそれらをまとめた。

最初にことわっておくが、以下見てゆく諸史料の相違は、いずれかが正しく、それ以外は虚構だということではない。信頼しうる根拠に欠けるという意味では、どの話もおなじであるからだ。どの段階でどういった挿話が付けくわわり、どのような話に展開していったのか、といった変化を見とおすことができるのみである。

《表2》において、挿話の有無や内容について注意すべき記述としてまとめたのは次の七点である。①強右衛門が派遣される以前の使者、②強右衛門が使者として帯びた役目、③強右衛門が使者になった経緯、④城内との連絡手段（狼煙《のろし》）、⑤捕縛後の駆け引き、⑥強右衛門殺害の状況、⑦その他、この順番にそって各史料のちがいを見てゆこう。

①強右衛門が派遣される以前の使者

A～Dまでは一切書かれていない。この記述が登場する最も古い史料は、奥平家が提出した系図をもとに幕府が編纂した『寛永諸家系図伝』中の奥平信昌の譜伝（E）である。そこでは強右衛門が派遣される以前、信昌の父定能と石川数正が家康の命で信長に遣わされ、援軍を要請したことが書かれている。

さらに、その前に家康は小栗大六（重常）を信長に派遣して援軍を要請したとする記述が、H『家忠日記増補追加』から見られるようになる。大六が使者となっていることは、長篠の戦い直後から武田氏家臣春日虎綱の口述をもとに筆記されたものを小幡景憲が元和七年（一六二一）に書写・整理し、寛永年間初期（一六二〇年代）には板本として流布した『甲陽軍鑑』に載る話であり、その影響と推測される。なお『甲陽軍鑑』には、強右衛門の話は記されていない。

②強右衛門が使者として帯びた役目

すでにBが兵粮欠乏、Cが信長援軍の有無確認と分かれている。その後に成立した史料のほとんどは前者の説を受け継ぐが（伝える先が信長か家康か、欠乏したのは兵粮だけでなく武器弾薬もなのかというちがいはある）、後者の説を述べるのが、G『御当家紀年録』・K『創業記考異』である。

そのなか独自の話を載せるのはEである。ここでは、信昌が父定能に宛てた書状を届けるためと具体的だ。書状の内容には触れられていないものの、加勢を請うものだと推測はできる。書状を届ける役目という説は、その後奥平家で編まれた史料（T『寛政重修諸家譜』・U『御家譜編年叢林』・V『奥平家世譜』）にも継承されている。

③強右衛門が使者になった経緯

おおよそが、信昌が使者を派遣しようとした場面で強右衛門が名乗り出たことになっている。

そのなか注目されるのは、最初信昌は一族の奥平次（治）左衛門勝吉を指名したものの、彼に拒否されたという話である。成立年が確実な史料としては、O『参州長篠戦記（四戦紀聞）』から見られ、その後S『柏崎物語』のほか、U・Vのような奥平家で編まれた史料に登場する。

それらによれば、勝吉は水練の達者であったため、城を抜け川を渡って行かねばならない任務に適役と指名された。ところが勝吉は、城を出たあと落城しようものなら、一族のうち自分一人だけ生き残るという恥辱を受けるのは堪えがたく、主君と死を共にしたいと拒否したという。主君の命を受け使者の務めを果たすのが武士としての忠義であるならば、こちらもその別の表わし方として筋が通っている。

もうひとつ注目すべきは、鈴木金七（郎）の挿話である。

鈴木金七もまた奥平家の家臣であり、強右衛門と一緒に城から派遣された使者だとされる。しかし彼が登場する最も早いGは、強右衛門が殺された直後の十七日に再度派遣された使者だとする（ほかにSも同じ）。一緒に派遣されたとするのは、N『総見記』以降の史料である。

金七は強右衛門のように捕えられ、殺害されることはなかった。Nによれば、役目を果たし長篠城に戻る帰途、長篠城にふたたび入ることは困難であると判断して、金七は定能に事態を報告するため強右衛門と別れ、別行動をとった。

それでは、定能はどこにいたのだろう。家康のもとにあったと考えるのが自然だから、別行動という記述は矛盾するのだが、そこをうまく説明できている史料はない。別れてからの金七の足どりを記す史料もない。

N以降この話を記す史料には、二人が別れるとき、「詮議」して（話し合って）別れた

（Q『長篠軍記（長篠軍談記）』・R『長篠日記』）、「口論」して別れた（X『長篠軍記』）とふた通りの表現がある。

実は鈴木金七は、奥平家が編んだ史料にまったく登場しないことも注目できる。と言ってもひとつ例外があり、Vにはその名が見える。ただそこで彼は、強右衛門が派遣されていた最中に発生した十五日の長篠城をめぐる攻防戦において、討死した奥平方の武士として登場するのである。少なくとも奥平家としては、使者は強右衛門一人という認識であった。

④城内との連絡手段

連絡手段としての狼煙の話は、すでにBに出ている。城を無事脱出できたら、「向の高山」に狼煙をあげることを約束したという内容だ。

ただしEでは、戻ってきたとき向かいの山に「約束の狼煙」をあげている。この狼煙挿話は、F『増補信長記』以降変容してゆく。Fでは、城を出るとき、援軍があるときは三筋、ないときは一筋の狼煙をあげる約束をしていたとして、戻ったとき強右衛門は三筋の狼煙をあげた。

でもこの話は少し妙である。援軍の有無が狼煙のあげ方で伝わったのなら、強右衛門はわざわざ城に戻って、捕えられたあと必死に叫ぶ必要はないはずだから。

この疑問についてGでは、援軍があれば三筋、なければ一筋あげると約束し、戻ったとき三筋あげて城内の味方を勇気づけた。その後捕えられた強右衛門は、信昌宛の定能書状を武田方に取りあげられたとしている。

つまりEのように、強右衛門の務めのひとつに奥平父子間の書状を届けることもあったことが含意されており、狼煙をあげてなお城に戻ったのは、書状を届ける必要があったからだと考えれば、ひとまずは納得できる。

ただ、最後に味方に対し叫ぶことの矛盾はなお解消されない。しかも前述のように奥平家で編まれたT・U・V以外は書状の存在を示していないから、狼煙による援軍報告の矛盾についても、放置されたまま叙述が進んでしまっている。

⑤捕縛後の駆け引き

長篠城に入ろうと様子をうかがっている強右衛門を怪しみ、これを捕えたのは勝頼の家臣河原弥太郎であったとされる。Bでは彼を「勝頼家の子」とする。Cでは捕えた人物を記さず、逍遙軒の責（攻）口という場所を記すのみである。

その後Nにおいて、弥太郎は穴山信君（梅雪）同心とされ、以降「与力」という立場のちがいはあるものの、信君配下と記す史料が多い。そのいっぽうで、またしても奥平家側のT・U・Vは異なり、こちらは馬場信春によって捕えられたとしている。ただし、比較的早く成立した奥平家側のE・J『譜牒余録』にはそうした記載はない。

捕えられ、城に向かって援軍は来ないと伝えよと要請されるまでの駆け引きについては、勝頼が助命し知行をあたえるとしたことをまず受け入れ、その後夜更けになって逍遙軒が強右衛門のもとにやってきて城内への開城勧告を要請し、これも偽って受諾するという二段階の流れと、助命し知行をあたえる代わりに開城勧告をするよう要請され受諾するという流れの二類型がある。

なぜ信長の援軍が来ないのかという理由についても、諸史料によって微妙な差異があるが、このちがいにあまり重要性はないと思われるので、ここでの説明は割愛する。

《表2》を参照されたい。

⑥強右衛門殺害の状況

この点は第二部で述べる旗指物の描かれ方とも関係するため、少し詳しく見てゆこう。すでにCに磔の話が出てくる。ここでは、生きて磔にかけ、その状態で城内に援軍のことを伝えるという流れであった。その他、初期の史料に磔に関する記事は見られない。

その後、十七世紀後半に成立したG・H・I『武徳大成記』などに磔の記事が登場し、奥平家が作成したJにも取り入れられる（それ以前に奥平家で作成されたEでは磔の表現はない）。以降すべての史料で磔（もしくは「ハタモノ」「機モノ」）の表現が用いられている。これから考えると、Cが述べる磔の話が事実だとしても、広く流布していないためか、さほど知られていたわけではなかったようである。

ただ、この磔の話にもいくつかの変型がある。Cが述べるように、磔にかけられた状態で城内に向かってさらされ、援軍のことを告げたのか、援軍のことを告げたあと、これを怒った武田方に磔にされて殺害されたのか、というちがいがひとつ。告げたあと磔にされたとする早い史料は、Hである。

もうひとつの変型は、背旗の図像に描かれたような、いわゆる磔柱に括《くく》りつけられたのではなく、「鑓磔《やりはりつけ》」になったという話である。

たとえば、「衆兵鎗ヲ攢《あつめ》テツキアゲテ、柵ノ前ニ磔ニス」（I）、「声ノ下ヨリ鎗磔ニ掛テ捨置タリ」（M『御庫本三河記』・P『勤書』も同様）、「いまだいひも終らざるに、衆兵鎗を把てつきあげ、柵の前に磔にす」（T）、「不終ニ槍二本ニテ磔ニシケリ」（U）という表現がある。

これは、磔にかけられた人間を鑓によって突くということではなく、残酷な表現ではあるが、鑓で突き刺した人間をその状態で放置することを言うのではあるまいか。

さて、強右衛門の口から、援軍がまもなく到着するからもう少しの辛抱だという使者としての目的を果たした言葉が出たあとの武田方の反応について、初期の史料ではこれに怒って殺害するとなっている。ところがBやNでは、勝頼はこれを聞いて強右衛門は義士であるとして助命を考えたという。この話はQ・R・Xにも見える。

この勝頼の判断に対し、「士卒」「諸卒」は許容せず、結局強右衛門は殺害されたとする（ただしRは誰が反対したのか記載なし）。逆に奥平家側のVでは、老臣馬場信春・山県昌景は助命を請うたものの、勝頼が怒って殺害させたとする。

強右衛門を殺害した行為について、批評をくわえているのはIである。「両軍ノ士、知《しる》ト知《しら》ザルト、其《その》忠烈ヲ感ゼズト云《いう》コトナシ」と強右衛門の「忠烈」を称える。逆に勝頼を「不仁ナレ」と批判するのがO（およびW『参州長篠戦記』）であり、また、助命しようとした勝頼を賞賛するのがRである。

ひとつ異色なのが、十九世紀になってから奥平家にて編まれたUである。ここでは、前述のように鑓二本で磔にされた強右衛門が死にきれずにいた様子を城内から見た信昌が、彼を不憫に思い、城から鉄砲にてとどめをさしたとする記述がある。〝武士の情け〟ということなのか、悲劇性を加味する挿話である。

Ｂで強右衛門はみずから望んで斬られたとしているが、この話を受け継いだ史料は不思議に確認されない。

⑦その他

以上六つに整理した論点のなかで触れることができなかった問題としては、史料中に引用されている文書がある。Ｑ・Ｒ・Ｘの三点には、天正三年五月付で信昌が強右衛門遺児亀千代に宛てた感状が収められている。

それは、強右衛門の忠義により、まだ幼少ではあるが五百貫文を加増して八百貫文を宛行《あてが》うという内容である。もともと三百貫文の知行を持っていたことは、Ｎに初めて登場する話であり、このことをふまえてつくられた可能性が高い。

もうひとつは、五月十五日付で定能が信昌に宛てた書状である。②や④のなかで登場した、長篠に戻ろうとした強右衛門に定能が託した返書に該当しよう。これはＵだけに確認される。武田勢が二万五千で長篠城を囲んでいるのに対し、後詰として信長が五万騎、家康が二万騎を率いて駆けつけるという点、織田・徳川の軍勢を多く伝え士気を鼓舞しようとしたという解釈もできようが、つくろうと思えばつくることができる情報だけで構成されており、これも疑わしい。

この定能書状はU（『御家譜編年叢林』）のなかで、『三河歴代記』という史料を典拠としている。しかし、この名称での書物は現在確認できない。

この二点の文書は、奥平家や鳥居家に原本が残っておらず、内容的にも、現段階では疑わしいと判断せざるをえない。ただし、遺児に感状が出され、十五日に定能が信昌に書状を出したという状況はじゅうぶんありうるので、それらがもとになっている可能性を否定するわけではない。

強右衛門伝説の成立と変容

江戸時代初期に成立したB『甫庵信長記』・C『三河物語』をもとにして、①から⑦までに述べたようなさまざまな挿話が付けくわわり、強右衛門伝説が形づくられた。これらのどれがということではないが、挿話の取捨と編集を経て、全体の最大公約数のような漠然としたかたちで、わたしたちが知るあの鳥居強右衛門の話が語られ、伝えられているのである。

しかしいま見てきたように、ひとつひとつの構成要素を腑分けしてみると、話が時間の経過によりどのように変化していったのか、ある挿話がどのような性格の史料に特徴的に見られるのかといった観点から、分類してそれぞれを比較することも可能であると思われる。

二十四点の史料を大雑把に見渡すと、江戸時代前期の十七世紀前半に成立したAからEまで（第一群）、十七世紀後半に成立したFからMまで（第二群）、十七世紀末以降に成立したN以下（第三群）に分けられる。

第一群と第二群は、F・Gあたりが境目になる。このふたつの史料にて狼煙の話（援軍の有無によるあげ方）が具体化し、強右衛門が磔にかけられ殺害されたことがほぼ固まる。これら第一・第二群の史料は、官撰・私撰のちがいはあるものの、松平（徳川）家が勃興して家康が幕府を開設するに至る歴史を編述した、いわゆる〝徳川創業史〟にあたる。

第三群は、板本として流布したNやOが画期となるだろう。Gに登場していた鈴木金七を強右衛門と一緒に派遣された使者だとしたり、強右衛門を捕えたのが穴山梅雪配下の河原弥太郎だとする記事が生まれ、より物語色を強める。

ただし、もとよりGは榊原家において秘蔵されたとのことだから、Gの鈴木金七挿話が直接Nにつながるとは断言できない。これは他の史料間の挿話の継承関係も同様で、それぞれがどの程度の人の目に触れたのかという要素も考える必要がある。しかし本書では、この論点を深めることはできなかったので、とても粗っぽい整理の仕方になっている。

伝説の流布という点では、《表2》には含めていないが、岡山藩に仕えた儒者湯浅常山《じょうざん》（一七〇八―八一）が著した戦国時代・近世初期の武士たちの逸話集『常山紀談』にも強右衛門の話が採録されていることに注目しておきたい。内容的にはN（狼煙の点はG）を踏襲しているが、『常山紀談』は享和三年（一八〇三）に刊行されて版を重ね、明治に入ってもさまざまな叢書にくわわり広く流布したという。

さて、史料的性格による分類では、挿話の内容に一定の関連性を持つまとまりとして、奥平家で編まれた史料群（E・J・T・U・V）をあげることができる。これらには強右衛門とおなじ使者としての鈴木金七が登場しないことや、あとの時期に成立したT・U・Vには、強右衛門を捕えたのが馬場信春であるなどの共通性がある。

もうひとつは、鈴木金七が強右衛門と一緒に派遣され、帰途別行動をとったとしたり、強右衛門没後、遺児亀千代に信昌が出したという感状を載せるという共通点をもつ一群であり、これらはQ・R・W・X（ただしWには感状は掲載されていない）など、書名を『長篠軍（戦）記』と称するような系統である。

これらは、たとえばRの写本が地元にいくつか伝わっていたり（丸山彭編『改訂増補長篠日記』）、X（内閣文庫本）の扉に、この書物は長篠辺村々に数多ありと書かれているように、古戦場周辺の地域に書写されて流布していたようである。

『甫庵信長記』『総見記』などを土台に、鈴木金七や信昌の感状などの情報がくわえられ、地元において語り継がれてきた強右衛門伝説の基本的な筋は、この『長篠軍記』系によると思われる。

使者の役割

以上、わたしたちが漠然と知っていた鳥居強右衛門の話が、もとになっているはずの史料ではどのように記されているのかという問題を整理した。

それらの話の最大公約数として、彼の行動をめぐる説話が伝説に変じることで、その像がひとり歩きして枝葉末節が切り捨てられたり、あるいは逆に肥大化したりして自分たちの頭に刻みつけられてゆく様子が実感できたのではあるまいか。

本章の最後に、使者としてえらばれた強右衛門の立場をあらためて考えてみたい。

本章の前半においてわたしは、「出自がわからない、武士と百姓いずれとも判断しがたいほど低い身分であった」という可能性を示した。しかし、いまこうして関係史料を一覧したうえで常識的に考えれば、主君の書状を携えて往復するという務めを帯びた人間が、そのような低い立場であったのだろうかという疑問も湧いてくるのである。

戦国史研究者・山田邦明は、戦国時代に情報の伝達という役割をになう人として、「使者」と「飛脚」というふたつの立場があったと指摘している（『戦国のコミュニケーション』）。使者となる人物には有能さが求められ、その属性として、足の速さ、すぐれた理解力や交渉能力があったという。

長篠城支援要請という目的を考えれば、後者の属性はさほど求められていないかもしれないが、その緊急性と、長篠城の地理的環境から考えれば、足の速さ（あるいは水練の達者）という能力は必須だったと思われる。

山田は使者と飛脚のちがいについて、「「使者」はきちんとした立場を持つ個人（家臣や僧侶）だが、一方の「飛脚」は名前を表に出さない、身分の低い人々によって構成されていたのではないか」と推測している。それを考えれば、それまで名前が知られておらず、捕えられ殺害されることで名をあげた強右衛門を後者と見なしてもおかしくない。

十八世紀初頭に成立したＯ『参州長篠戦記（四戦紀聞）』以降、とくに奥平家側の史料のなかに、最初に一族の奥平勝吉が使者に指名されたという話があった。これは、援軍要請のための使者が、そのような立場の者によって伝えられるべきという考え方にもとづいて述べられているのだろう。ところが勝吉に拒否されたため、強右衛門が名乗り出て代わりに使者を務めた。それを考えれば、あくまで右記史料の著者たちは、強右衛門の立場を軽く見てはいないことが推測される。

どうも歯切れが悪く、結局結論が元に戻るようになるけれども、史料によって強右衛門の立場はいかようにも推測できてしまうのである。ただこれまでと異なるのは、どの時期に、どんな立場の人が書いた史料にどのように書かれているかという確認作業をおこなったということである。そのうえで、戦国時代の常識、使者の常識という考えを活用しながら、強右衛門の立場を推測してゆくことは可能になったと思う。

捕えられてからの交渉	殺害の状況	その他
勝頼家の子河原弥太郎に捕えられる 勝頼、強右衛門に対し、味方につけば助命することを告げ、強右衛門は「やつれたる衣の袖をしぼって」承諾する 夜更け、逍遙軒から、城内に対し信長の後詰はないので開城するよう告げることを要請され、暁天に実行しようと承諾する	勝頼は強右衛門のおこないを聞いて義士なので助命すると言ったものの、自身から請うて斬られた	
逍遙軒の攻口にて捕えられる 勝頼は、助命して知行をあたえるので、磔にかけて城に見せるから、信長の後詰はなく開城せよと告げることを要請し、承諾する	「はやくとどめをさせ」として殺害される（命令主体不明）	
敵のために捕えられる 勝頼、強右衛門を許し、慰労したうえで、城辺に行き信長の援兵はないことを告げるよう要請し、強右衛門は偽って承諾する	勝頼怒りて強右衛門を斬る	
城中に向かって、信長の救援は不可能であることを言えば助命すると言われ、偽って約束する	敵悔、いかりて強右衛門を斬る	救援を求める理由は書かれていない
勝頼の軍士河原弥太郎に捕えられる 勝頼、逍遙軒を以て、助命して知行をあたえる代わりに、信長・家康の援兵がないことを城内に告げるよう要請し、強右衛門偽って承諾する	勝頼の兵士驚いて強右衛門を害す 信昌これを聞いて強右衛門を憐れむが、援兵あることを喜ぶ	
信昌宛の定能書状を取りあげられる。 信長の後詰はないと城内に言えば赦すと言われる	生きて強右衛門を磔にかける	信豊定能の謀書を城内に入れる。城中より再び鈴木金七郎が派遣される
勝頼、家康・信長は支援できないことを伝えるよう要請し、偽って承諾する	勝頼怒て鳥居を磔にす	

《表２》鳥居強右衛門関係記事の相違

	史料名	強右衛門の立場	派遣以前	使者の役目	往復の状況
A	権現様御一代記（松平忠勝記）	言及なし（名字なし）			
B	甫庵信長記			兵粮が尽きたので、信長に注進し後詰を請う（家康が登場しない）	母子の後事を託す 城を出たら「向の高山」に狼煙をあげることを約束する 辞世を詠む
C	三河物語			信長の出馬の有無を確認するため	（とくに記事なし）
D	織田信長譜			兵粮が尽きたので、家康に注進し後詰を請う	（とくに記事なし）
E	寛永諸家系図伝（信昌伝）		強右衛門以前に奥平定能・石川数正が家康の命で信長に加勢を請う使者となる	定能宛の書状（おそらく加勢を求める内容）を持参する使者	16日暁天に城に戻ったとき、約束の通り向かいの山に狼煙をあげる
F	増補信長記			兵粮が尽きたので、家康に注進し後詰を請う	母子の後事を託す 無事城を脱出したら、向かいの高山に狼煙をあげることを約束する 辞世を詠む 長篠城に戻った時狼煙を三筋あげる（援兵がない時は一筋と出発時に約束していた）
G	御当家紀年録			信長後詰の実否を聞くため	後詰があるなら狼煙三筋を上げ、なければ一筋を上げると約束し、三筋を上げる
H	家忠日記増補追加		家康小栗大六を岐阜に派遣し援軍を請う	兵粮が尽きたので	16日夜半に長篠城に帰る

捕えられてからの交渉	殺害の状況	その他
武田の士河原弥太郎に捕えられる 勝頼、助命し知行をあたえる代わりに、信長が救援できないことを城内に告げるよう要請し、強右衛門偽って承諾する	言葉が言い終わらないうちに「衆兵鎗ヲ攅テツキアゲテ、柵ノ前ニ磔ニス」「両軍ノ士、知ト知ザルト、其忠烈ヲ感ゼズト云コトナシ」	
勝頼、信長方々の軍事で暇なく、こちらの後詰はできないから開城するように申せば知行をあたえると言い、偽って承諾する	「敵怒て強右衛門を磔にす」	その後武田氏は定能の手跡を真似た謀書を城内に射入る
城内に後詰はないので降参せよと促すよう要請され、偽って承諾する	「敵怒て鳥居を磔にす」	
勝頼の家の子河原弥太郎に捕えられる 逍遙軒が、信長はこちらに来ないので急ぎ開城せよと城内に言えば助命して知行をあたえると提示し、強右衛門は後詰を早く城内に告げたいので承諾する	わざと磔にかけて柵際に寄せ、そこで強右衛門が叫ぶ。 案に相違して憎い言い様だとすぐに刺し殺す	明初張子明の故事を引く
武田軍の物見河原弥太郎に捕えられる 武田信豊の前に引き立てられる。勝頼、信長は「中嶋の一揆」に取り合って後詰は遅れるので開城せよと要請 強右衛門これを承諾する	十人程度を付けて長篠城門の外に近づける。 声の下より鎗磔に掛けて捨置く	
穴山梅雪同心の河原弥太郎に捕えられる 勝頼、助命し知行を給付する 夜更けに逍遙軒が、信長は畿内近国のいくさで忙しくこちらの後詰はないから開城するよう城内に申せと要請し、承諾する	勝頼は敵ながら義士と助命しようとするが、士卒らは許容せず、有海原の篠原という場所でハタモノに掛け殺害する 「敵モ味方モ忠義ヲ感ジ、惜マヌ者コソナカリケレ」	
穴山入道梅雪斎の同心河原弥太郎に捕えられる 勝頼、強右衛門に助命し知行をあたえることを告げ、強右衛門偽りて承諾する 穴山梅雪をもって、信長は上方の動乱対応に忙しく当表への出馬はむずかしいので開城するよう城内に伝えることを望み、強右衛門承	17日払暁に城門に至る 武田の兵強右衛門の口を塞ぎ勝頼にこのことを報告 勝頼憤って城に向けて有海原にて磔にかけ殺害する 勝頼を「不仁なれ」とする評価	

	史料名	強右衛門の立場	派遣以前	使者の役目	往復の状況
I	武徳大成記		家康小栗重常をして信長に援軍を請う。次いで定能をして援軍を請う	兵粮が尽きこれ以上の籠城困難により、家康に援軍を要請する使者として名乗り出る	無事城を脱出したら前山に狼煙をあげることを約束する 辞世を詠む
J	譜牒余録（奥平家）		家康、それ以前に小栗大六・石川数正・定能を信長に派遣して加勢を請う	兵粮が尽きこれ以上の籠城不可能により、定能に知らせ家康に援軍を要請する	城を出たら向かいの山に狼煙をあげると約束し、狼煙をあげる。16日に長篠に帰る
K	創業記考異		定能に、家康から石川数正を添え信長に加勢を請う	後詰の様を聞くため	14日夜に城を脱出、16日夜に捕えられる
L	戸田本三河記			兵粮が尽きたので、後詰を家康・信長に要請する（後詰が遅くなれば信昌一人が切腹して城を明け渡す）	辞世を詠む 城を出て向かいの山に狼煙をあげることを約束し、狼煙をあげる 信昌にこれを告げて力をつけようとして長篠に戻り、16日夜半着く
M	御庫本三河記		家康、それ以前に石川数正・定能を信長に派遣して加勢を請う	兵粮が尽きたので、後詰を家康・信長に要請する（後詰が遅くなれば信昌一人が切腹して城を明け渡す）	無事城を脱出したら向かいの山に狼煙二筋、帰って来たら（援軍の有無については記載なし）三筋あげることを約束する 子の後事を託す
N	総見記	三百貫の小侍	5月10日に石川数正を、11日に定能を信長に派遣し援軍を要請する	兵粮が尽きたので、後詰を家康に要請する	母子の後事を託す 城の外に出たらカンボウ峠に狼煙をあげると約束する 鈴木金七郎も一緒に派遣する（金七郎は帰途定能に事態を報告するため別行動をとる）
O	参州長篠戦記（四戦紀聞）	家臣参州市田村の産	家康、最初に小栗大六を、次いで石川数正と定能を以て信長に援軍を要請する	兵粮が尽きたので、後詰を家康に要請しようとするが、使者に指名された奥平次左衛門が拒否。信昌一人切腹して開城を申し出ようとしたと	無事城を脱出したら向かいのガンホウ峠に狼煙をあげ、援軍を請い成就したら、三日過ぎたあとガンホウ峠にて狼煙三筋をあげる、援軍なければ二筋をあげる 辞世を詠む

捕えられてからの交渉	殺害の状況	その他
諾する		
勝頼、武田家に召し抱えるので、城中に、信長は「中嶋の一揆」に取り合って後詰は遅くなるので城を明け渡すよう伝えることを要請、強右衛門これを承諾する	監視役十人を添えて城門前に連行され、発言後すぐに鑓磔に掛け、捨て置かれる	
穴山与力河原弥太郎に捕えられる 勝頼、強右衛門に対し、味方につけば助命し知行をあたえることを告げ、強右衛門は落涙して（落涙袖をうるほす）承諾する 夜更け、逍遙軒から、城内に対し信長の後詰はないので開城するよう告げることを要請され、暁天に実行しようと承諾する	勝頼は強右衛門の行動を知り義士だとして助命を言い渡すものの、諸卒は許容せず、有海原において磔にする 割書で篠場野に強右衛門の墓があると記す	強右衛門子亀千代宛の信昌感状を載せる（小野久四郎の家から出る）
穴山与力河原弥太郎に捕えられる 勝頼、強右衛門に対し、味方につけば助命し知行をあたえることを告げ、強右衛門は落涙して承諾する 夜更け、逍遙軒から、城内に対し信長の後詰はないので開城するよう告げることを要請され、暁天に実行しようと承諾する	勝頼は強右衛門の行動を知り義士だとして助命を言い渡すものの、最終的には（誰が許容しなかったかという文言なし）城の向かい有海原にて「機モノ」に懸けられる 助命の意思を示した勝頼に対する賛辞を記す	強右衛門子亀千代宛の信昌感状を載せる
穴山梅雪の足軽に捕えられる 勝頼、逍遙軒を通し、味方につくよう要請して強右衛門承諾する 信長は対三好のため忙しく加勢はないことを城中に申せと命ぜられる 強右衛門大手口にて援軍が来る事を告げる	勝頼立腹し、岩代川の川端にて磔にする	17日夜に鈴木金七が派遣される
馬場信春に捕えられる 勝頼、逍遙軒を介し、助命と知行給付を約束する代わり、城に向かい信長は所々の軍事に暇なく、援兵はないので開城せよ告げることを要請し、強右衛門偽って承諾する	強右衛門の言葉がいい終わらないうち武田の兵が鑓で突き上げ、柵の前に磔にする	強右衛門没後謀書を城内に射入れる

	史料名	強右衛門の立場	派遣以前	使者の役目	往復の状況
				ころ強右衛門が使者に名乗り出る	
P	勤書（鳥居家）			兵粮が尽きたので、家康・信長に援軍を請うための使者を命ぜられる	14日夜に城を脱出、家康・信長に伝え、15日夜岡崎を出て長篠へ着く 城中へ力をつけるために長篠に戻る
Q	長篠軍記（長篠軍談記）	三州市田村より出し	家康、小栗大六を信長に派遣し援軍を要請する	兵粮が尽きたので、家康に注進し、信長の援軍を請うための使者に名乗り出る 信昌はさらに鈴木金七を添える	母子の後事を託す 城を脱出したらカンボウ峠に狼煙をあげることを約束する 金七は帰途、城に入ることはむずかしいので定能に告げると「詮儀」して強右衛門と別れる
R	長篠日記		家康、小栗大六を信長に派遣し援軍を要請する	兵粮が尽きたので、家康に注進し、信長の援軍を請うための使者を命ぜられる 信昌はさらに鈴木金七を添える	母子の後事を託す 城を脱出したらカンホウ峠に狼煙をあげることを約束する 金七は帰途、城に入ることはむずかしいので定能に告げると「詮儀」して強右衛門と別れる
S	柏崎物語	強右衛門末座より出る	家康、小栗大六・石川数正を信長に派遣し援軍を請う。定能も信長に懇望する	兵粮が尽きたので、後詰を家康に要請しようとするが使者に指名された奥平次左衛門が拒否。信昌一人切腹して開城を申し出ようとしたところ強右衛門が使者に名乗り出る	城を出たら狼煙を上げ、援軍が来るならカンホウ山に三筋、来ないなら二筋をあげるように手はずを整える 妻子の後事を託す
T	寛政重修諸家譜（信昌伝）			兵粮が乏しく、家康の援兵を請う 奥平次左衛門勝吉が拒否 信昌一人切腹して開城を申し出ようとしたところ強右衛門が使者に名乗り出る。定能宛の信昌書状を携える	城を出たあと15日未明に城の向かいの山に狼煙をあげる（約束の有無について記事なし） 定能の返事を携え城に戻る

捕えられてからの交渉	殺害の状況	その他
馬場信春に捕えられる 勝頼、逍遙軒を通し、武田家に従えば助命し召し抱えると告げ、強右衛門は偽って承諾する。さらに信長・家康は所々の軍事に忙しくこちらの後詰はできないので城を明け渡せと城内に告げるよう要請し、これも偽って承諾する	鑓二本にて磔にする 強右衛門が死にきれずにいたところを見た信昌が不憫に思い、城内から鉄砲でとどめをさす	信昌宛定能書状を載せる
馬場信春に捕えられる 逍遙軒、武田家に助命し知行をあたえると言い、強右衛門は偽って承諾する。さらに逍遙軒は、信長は畿内近国のいくさで忙しくこちらの後詰はないから開城するよう城内に申せと要請し、これも偽って承諾する	馬場・山県らは義士として助命を請うも、勝頼は怒り、長篠城門の前において磔にする	鈴木金七郎は15日の長篠城攻防戦にて討死した奥平方武士のなかに名前あり
穴山同心河原弥太郎に捕えられる 勝頼、逍遙軒を通し、強右衛門に対し、味方につけば助命することを告げ、強右衛門は涕泣して承諾する。重ねて強右衛門に対し、信長は上方の動乱に困惑しこちらへの出馬はなりがたいので開城するよう告げることを要請し応じる	城兵は強右衛門の口を塞ぎ、勝頼に告げたところ、勝頼は大いに憤って強右衛門を城に向かって磔にかけ、殺害した (「殺シケルコソ不仁ナレ」)	
穴山与力河原弥太郎に捕えられる 勝頼から、味方につけば助命し所領をあたえると言われ落涙して承諾する 夜更け、逍遙軒から、城内に対し信長の後詰はないので開城するよう告げることを要請され、承諾する	勝頼は強右衛門の行動を知り義士だとして助命を言い渡すものの、諸卒は許容せず、有海原において磔にする	強右衛門子亀千代宛の信昌感状を載せる

	史料名	強右衛門の立場	派遣以前	使者の役目	往復の状況
U	御家譜編年叢林			兵粮・矢玉が乏しくなったので、定能に告げて家康の援軍を請う。最初奥平勝吉が命ぜられ拒否。強右衛門が使者に名乗り出る 信昌は定能宛の書状を託す	城を脱出したら向かいの寒防峠に狼煙をあげ、救援がないなら二筋の狼煙をあげるよう信昌が命じる 強右衛門は浜松で家康と対面する
V	奥平家世譜	歩士		矢玉・兵粮が尽き、討って出る前に、定能に対して家康の援軍を請うための使者となる 信昌の書状を携える 最初奥平勝吉が指名されるも、これを拒否したため強右衛門となる	強右衛門脱出の夜に開城を促す信長の謀書が信昌に届く 城を出て約束の山に登り狼煙をあげる。長篠に戻っても雁峰峠に狼煙をあげる 定能の返書を携える
W	参州長篠戦記		家康、小栗大六を信長に派遣し援軍を要請する	兵粮が乏しくなったため強右衛門を派遣	城を脱出したら向かいのカンホウ峠に狼煙をあげ、三日過ぎたあと狼煙二筋をあげたら援軍なし、三筋なら援軍ありと手はずを整える 鈴木金七郎も強右衛門とともに城を出る（金七郎は務めを果たしてのち定能にこれを告げるため別れる）
X	長篠軍記		家康、小栗大六を信長に派遣し援軍を要請する	兵粮が乏しくなったため強右衛門を派遣。信昌はさらに鈴木金七を添える	母子の後事を託す 城を脱出したらカンホウ峠に狼煙をあげることを約束する 金七は帰途、城に入ることはむずかしいので定能に告げると「口論」して強右衛門と別れる

第二部　落合左平次道次背旗は語る

第四章　目撃者・落合左平次道次

落合左平次道次の実像

第一部で紹介した鳥居強右衛門の壮絶な死を目の当たりにした武士たちのなかに、落合左平次道次という人物がいた。彼は強右衛門の死に武士としての義を感じ、彼が磔に掛けられた図を描かせ、みずからがいくさのときに身につける旗指物とした——。

というのが、「はじめに」でも紹介した「落合左平次道次背旗」（第二部以降この旗指物を「背旗」と呼ぶ）成立にまつわる物語である。

道次には、徳川家康やその子頼宣《よりのぶ》に仕えたと記す系図や文書があり、彼の子孫は徳川御三家のひとつ紀州藩の藩士として代々「背旗」を大切に伝えてきたにもかかわらず、強右衛門ほどではないものの、なぜかその履歴が判然とせず、いくつかの説が出され定まっていない。

いま紹介した「背旗」成立の物語は、後世に語られた史料も加味したうえで、枝葉末節を切り落とした最大公約数としてわたしがまとめた概要である。強右衛門の死と同様、これまでわたしはこのように人前で話をしてきた。ところが本書執筆のためあらためて道次に関わる史料を検討していたら、右の物語が果たして適切であったのか、不安をおぼえざるをえなかった。第一部で発した冷や汗がまだ乾ききっていないのに、ふたたび手のひらに汗をかきはじめていたのである。

この第二部では、「背旗」の成立と、それがいかにして現在に伝えられてきたのか、また「背旗」による強右衛門像の流布について見てゆく。

まず本章では、残されている史料にもとづき、できるかぎり〝目撃者〟落合道次の実像に迫りたい。彼がどのような立場で強右衛門の死を受けとめ、いつ頃「背旗」をつくったのか、これまでの研究においてかならずしも明らかになっていなかった点について、今後自信をもって話すことができるような、納得できる見通しを得たいと思う。

落合道次と落合道久

道次については、高柳光壽が、著書のなかで次のように述べている。

家康の家来に落合左平次道久という男がある。彼は家康に属してこの長篠の戦に従軍して戦功を立てたことがあり、のち、家康からその子紀州の頼宣に附属させられたものであるが、彼はその指物に磔になって目を怒らした全身真赤な強右衛門の姿を描かしている。「息軒遺稿」には、左平次は強右衛門の磔を見たと記している。(『戦国戦記長篠之戦』）

諱を、通常言われている道次でなく「道久」としているのは、高柳が依拠した史料である『寛永諸家系図伝』（本章では以下寛永譜と呼ぶ）にそう書かれているからである。

高柳は道次という別の諱には触れていない。著書に口絵として掲載されている「背旗」のカラー写真の題は「落合左平次指物」とあるだけだ。高柳の著書に先んじてモノクロ画像を掲載した『大日本史料』十二編之三十五でも同題だから、その後史料編纂所において、「落合左平次道次背旗」と史料名があらためられたのだろう。

高柳の本では、なぜ諱が、通常知られる道次ではなく道久なのかといった考察はなされていない。これはもちろん、同書が長篠の戦いの顚末を述べることに主眼を置いているからで、この点を深く追究していないのはやむを得ない。

この高柳の見解に対し、丸山彭の批判がある。

丸山は、紀州藩士となった落合道次と彼の末裔について触れられている『南紀徳川史』（『大日本史料』十二編之三十五所収）、および独自に落合家を調査したときに目にした系図などから、「背旗」を作ったのは左平次道次であることを論じている。

丸山は次のように論じる。長篠の戦いには、徳川方には落合左平次道久が、武田方には同左平次道次がいて、「背旗」をつくったのは後者道次のほうである。このように双方によく似た姓名の武士がいた（しかも両人とものち頼宣に仕えた）ことが、これまで「背旗」をつくった落合左平次の人物像が明らかにされてこなかった原因である。

丸山が典拠のひとつとした『南紀徳川史』（四十二・名臣伝三）において、道次は次のように書かれている。彼は遠江の人であり、はじめ武田氏に仕え、のち家康に仕えて八百石の禄を賜った。のち徳川頼宣に仕え、元和六年（一六二〇）に没した。彼は鳥居強右衛門の「死《し》節《せつ》図《ず》」を背旗とした。また「朱幹槍」を用い、これらは子孫に伝来し家宝としている。

『南紀徳川史』とは、旧紀州藩士堀内信《しん》が明治二十一年（一八八八）から同三十四年にかけて編纂著述した紀州藩に関する史書である。そこで語られている道次の事跡は、落合家から紀州藩に提出された先祖書などにより叙述されたのだろう。これら先祖書については、またのちに触れる。

このように、これまでの研究では、「背旗」をつくったのが落合左平次道次なのか道久なのか、彼が武田方の武士なのか徳川方の武士なのか、きわめて曖昧な状態のまま定説がなく、宙づりにされていた。結論から先に言えば、わたしは寛永譜に登場する左平次道久こそ、「背旗」をつくった本人だと考える。丸山のように、武田方・徳川方それぞれに落合左平次がいたとは考えない。

わたしはかつて「背旗」が東京国立博物館において展示されたさい、その解説文を担当した（『時を超えて語るもの　史料と美術の名宝』図録）。そこでは、高柳の著書と『大日本史料』双方を参考文献としてあげながら、深く疑いもせずに道次のことを「初め徳川家康に仕え、のちその子紀州藩主頼宣に仕えた武将」と書いた。高柳の所論と丸山の批判をじゅうぶん受けとめずに、勝手に最大公約数的な叙述をしてしまったことになるわけで、冷や汗どころでなく、穴があったら入りたい気持ちである。

『寛永諸家系図伝』の落合道久

それでは実際に史料ではどのように記されているのか、問題の寛永譜から見てゆくことにしよう。寛永譜は第一部にも出てきたように、寛永二十年（一六四三）に成立した大名・幕臣の系図集であり、落合家の系図としては最も古いものである。したがって、寛永譜の記事を、落合家を考えるため（少なくとも左平次道久を考えるため）の基礎的な史料にすべきである。

寛永譜では藤原氏支流のなかに落合氏の系図が収められている（癸二十二冊）。「道久」とされる人物の譜伝を全文引用する（句読点・ふりがな金子。刊本の改行箇所は追い込んだ）。

左平次。生国遠江。東照大権現につかへたてまつる。元亀元年、駿州華沢の戦場にをひて、道久十六歳のとき、はじめて首級を得たり。天正三年、参州長篠合戦の時、大権現にしたがひたてまつり、鑓下《やりした》の高名を得たり。大権現、篠嶋才蔵と道久両人を御前にめされて戦功をとはせ給ふ。才蔵仰をうけたまはりて、それがしは鑓をあはせず、道久ひとり鑓をあはするよしを言上す。同四年、遠州高天神の戦場にをひて、首級ならびに生《いけ》虜《どり》一人を得たり。同十二年、長久手合戦に首級を得たり。元和元年、大坂再陣の時、紀伊大納言頼宣卿に属して、旗奉行となる。味方すこしやぶるゝ時、道久従者に旗三本をもたせて戦場をしりぞかず。五月七日、大権現、道久を御前にめして陣中の様躰をとはせたまふ。七十六歳にて病死。法名天叟快逗。

右の記事は、次の四点にまとめることができる。

①道久の通称は左平次、遠江に生まれ、家康（東照大権現）に仕えた

②元亀元年の華（花）沢の戦い、天正三年の長篠の戦い、同四年の高天神城攻め、同十二年の長久手の戦い、元和元年の大坂夏の陣において武功をあげた

③大坂夏の陣のとき、徳川頼宣の麾下で旗奉行を務めた
④七十六歳で病没し、法名を天叟快逗と号した

道久の生没年をうかがうよすがとなるのは、元亀元年（一五七〇）十六歳で花沢の戦いに従軍したという記事である。これが正しければ、生年は弘治元年（一五五五）となる。没年も明記されていないが、享年七十六ならば、それは寛永七年（一六三〇）である。実際後年編まれた『寛政重修諸家譜』の落合家系図では、その年を没年としている。

道久の主君は誰か？

諱の問題はおいて、先に道久が徳川方なのか武田方なのかという問題について考えてみよう。実はこの記事のなかに、重大な手がかりがひそんでいるからである。

それはやはり、十六歳で初めて首級を得たとする花沢の戦いである。このいくさは、永禄十三年（元亀元年）正月、武田信玄の軍勢が、今川氏の属城駿河花沢城（静岡県焼津市）を攻撃し、これを落としたというできごとであった。

前々年の永禄十一年十二月、徳川家康と呼応して今川氏真の領国に侵入した武田氏の軍勢

は、今川氏の本拠駿府城を陥れ、氏真は遠江掛川城に逃れた。その後氏真はさらに追い詰められ、最終的に同十二年五月に掛川城を家康に明け渡して和をむすび、正室の実家である北条氏を頼って落ちのびる。今川方の将大原資良《おおはらすけよし》が籠もり、なお抵抗を続けていた花沢城を、翌十三年に武田氏が攻撃するのである。

つまりこのいくさは、武田氏と今川氏との戦いであった。家康は織田信長と同盟し、信玄と呼応して今川氏を攻めていたのだから、花沢の戦いとはまったく関係がない。

それでは道久は、武田氏・今川氏いずれに属して武功をあげたのだろうか。

参考となるのは『甲陽軍鑑』（本篇巻十二）の記事である。このなかに花沢の戦いについての記述がある。花沢城の「から沢口」という攻口において、城内から打って出た今川方の兵と戦った武田方の武士のなかに、落合治部《じぶ》・同弟左平次という名が登場する。

このとき治部は、大弓を操る今川方の武士が放った矢により射殺されてしまった。弟左平次が兄の死骸を抱えて退却しようとしたところ、治部の首を取ろうと城内から敵兵が群がってきた。これに対し武田方の武士たちは、首を取られまいと奮戦し、かろうじて難を逃れたという。

ここに登場した左平次が、寛永譜において、十六歳にて初めて首級を得たという左平次道久その人にあたるのではあるまいか。もとより『甲陽軍鑑』に出てくる記事には慎重な検討が必要だとされているが、江戸時代において、紀州落合家には、先祖が武田氏旧臣であるという伝承があった（後述）。花沢の戦いで道久が属したのは武田方・今川方いずれなのか、仮説を立てるとするなら、落合家の伝承や『甲陽軍鑑』により、武田氏とするほかないだろう。

そのような仮説をふまえ、先に引用した寛永譜を読み直してみよう。冒頭の「東照大権現につかへたてまつる」は、そこで文が終わっているので、道久の仕えた主君を概括して述べたくだりであろう。なぜなら、後段の長篠の戦いでは、ふたたび「大権現にしたがひたてまつり」という表現をわざわざ使い、武功の記事につなげているからだ。

ここに注意すれば、花沢の戦いを叙した文章では、道久が誰に従ったのか、巧妙に隠されている（触れられていない）ことに気づくだろう。これは武田氏に属してあげた武功だったからではあるまいか。

以上の推測をまとめると、落合左平次道久は、もともと武田氏に仕えた武士であった。兄治部が討死した元亀元年の花沢の戦いにおいて武功をあげたものの、その後、何らかの事情により武田氏を離れ、家康に属した。そして花沢の戦いから五年後の天正三年、長篠の戦いに徳川方として従軍し、ここでも鑓下の高名をあげ、家康に認められたのである。

道久の子孫・江戸落合家

つづいて、寛永譜に見える道久以後の落合家について確認する。道久の嫡子はもともと神谷清次の次男であり、道久の養子となった。彼の諱も「道次」といい、すこぶるまぎらわしい。通称とあわせ小平次道次と呼ぶことにする。

小平次道次は、慶長四年（一五九九）に家康に仕え、同五年の上杉氏攻め、関ヶ原の戦いと供奉し、慶長十九年・元和元年の大坂冬の陣・夏の陣では陣所配分の役を務めたという。家康没後は秀忠に仕え、駿府の町奉行を務めた。彼の事跡を見ると、家康や秀忠が病のとき昼夜勤仕《きんし》したとする記事や、大坂の陣では陣所配分役、また伝令・検分の使者を務めるなど、常に家康・秀忠のそば近くに仕えた人物であったことがうかがわれる。

彼の子道勝は武蔵《むさし》（江戸だろう）に生まれ、寛永六年家光に仕えた。後に編纂された『寛政重修諸家譜』によると、道勝以降の落合家当主も代々旗本として江戸にあって将軍家に仕えた。この道久―道次の系統を江戸落合家と呼びたい。『寛政重修諸家譜』をもとに、江戸落合家の略系図を《系図2》として示した。このうち寛永譜に記載があるのは、道久・道次・道勝の三代三人のみである。

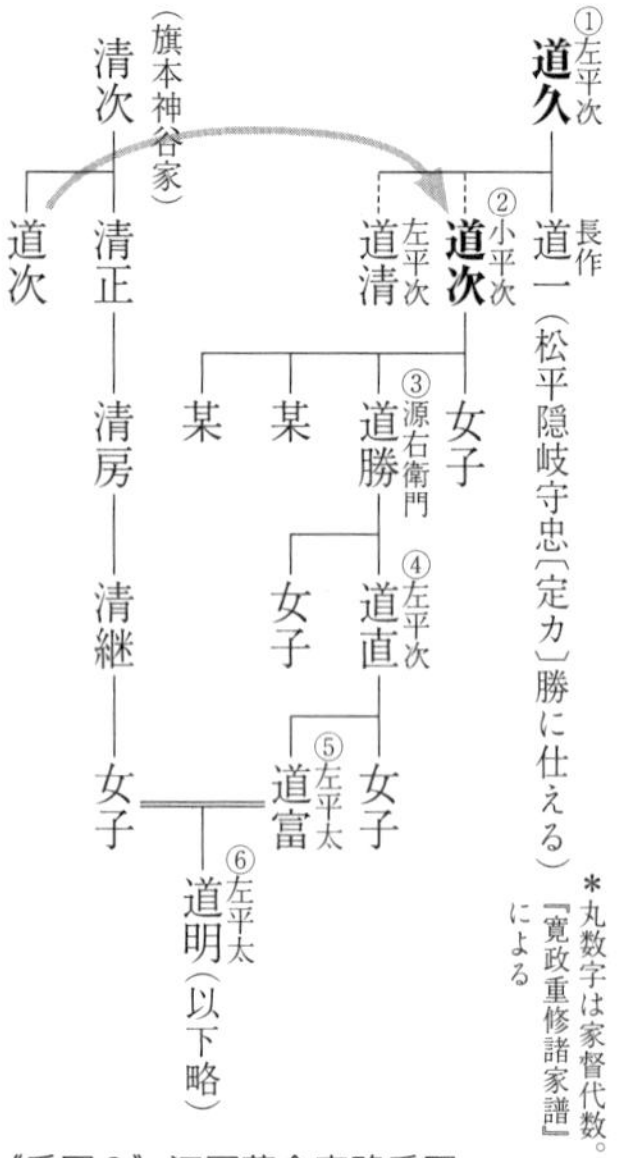

＊丸数字は家督代数。『寛政重修諸家譜』による

《系図2》江戸落合家略系図

ところで寛永譜という系図集は、大名・幕臣から系図を提出させ、それを幕府において吟味したうえで編纂・浄書して成立したものである。諸家より提出されたもともとの系図を「呈譜《ていふ》」といい、呈譜（もしくはそれに近い系図）を集めた写本も何種か残されている。呈譜と最終的に成立した寛永譜に異同のある家が少なくない。落合家にも呈譜が確認され、それを収めたうちの一本である栗田《くりた》元次《もとつぐ》所蔵本を見ると、道久の場合、花沢の戦いのくだりは「年十六ニテ高名仕候」とあって、最終的な浄書本とくらべ、表現に若干のちがいがある。

小平次道次の場合、たとえば浄書本では、関ヶ原の戦いの前年、慶長四年九月に大坂の家康に異変があったという知らせを受けた伏見の小平次道次の行動として、「道次是《これ》をきゝて十二日の夜半に独《ひとり》伏見をいて、翌朝大坂にいたり」としている。これに対し栗田本では、「夜九ツニ伏見ヲ罷出《まかりで》、十三日ノ明《あけ》六ツ時ニ大坂へ拙者一人参着仕」とある。

栗田本では伏見・大坂の発着時刻まで記している点面白いが、それ以上に注目したいのは、

「拙者」という一人称である。つまり栗田本は、小平次道次がみずから作成したという痕跡を強くとどめているわけである。浄書本ではここが「道次」と客観的な表現に修正された。「拙者」の語は栗田本ではほかに三箇所登場し、うち二箇所は「道次」に修正され、一箇所は主語が省かれている。

このことは何を意味するのだろうか。

呈譜では、小平次道次が、みずから養父左平次道久の事跡を書き上げたのである。それを考えれば、養父の諱や事跡について、とりわけ家の由緒を表現する系図で重視される武士としての戦功について、虚偽を記すといった誤りはおかしがたいと思われる。

いまひとつ重要なのは、小平次道次は慶長四年に家康に仕えたのち、もっぱら家康・秀忠ら将軍家に近侍し、養父左平次道久とは基本的にちがう道を歩んでいることである。養父は頼宣に付属し、のち紀州に移るが、道勝以降の江戸落合家代々は小平次道次と同様の道をたどり、江戸勤めのままである。小平次道次は、左平次道久の養子となって落合の名字を名乗ったものの、仕官以降は養父と離れ、別家を立てたようになった。なぜそうなったのか、理由は定かではない。

左平次道久は、紀州で落合家を存続させている（以下これを紀州落合家とする）。紀州落合家は、江戸落合家とまったく別の家として存続したのである。そこで次に、紀州落合家に伝わった系譜を確認してゆこう。

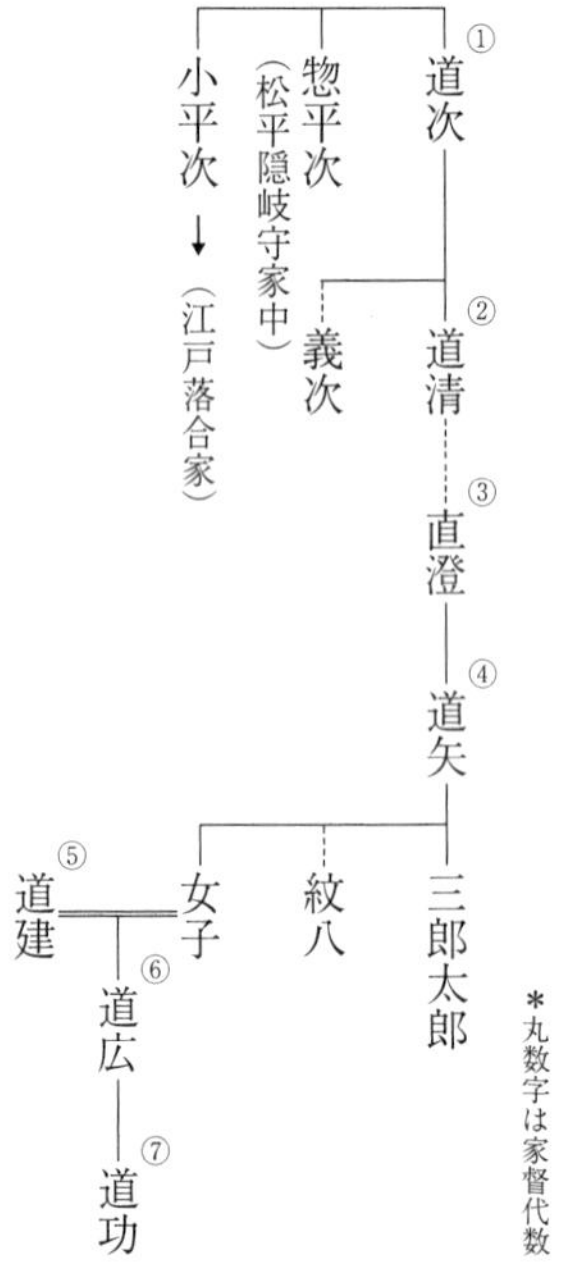

《系図３》紀州落合家略系図

紀州落合家の系図・伝承

紀州落合家に関わる系図（家譜・先祖書・親類書を含む）は何種類かあるが、ここでは、江戸末期紀州藩において家中諸家から提出された家譜をまとめた『紀州家中系譜並びに親類書書上げ』（和歌山県立文書館所蔵）により、復元した系図を《系図３》として掲げた。これは幕末の安政四年（一八五七）に藩に提出されたものである。

たとえば現在落合家が所蔵する、寛政十年（一七九八）十二月に当時の家督（八代）落合道会が作成し藩に提出した家譜も、内容はほとんど変わらない。前述した『南紀徳川史』の道次伝などは、このような藩にある記録にもとづき叙述されたのだろう。以下、紀州落合家の人物については、家督代数を付け「初代道次」「二代道清」のように表記する。

先に注意しておきたいのは、落合家では火災により古い記録を焼失しており、江戸初期のことがらについて詳細がわからなくなっていたことである。

寛政の家譜や『紀州家中系譜並びに親類書書上げ』によれば、初代道次は、本国・生国が遠江であり、同国浜松において家康に召し出され、蔵米八百石を給された。慶長十八年に頼宣に付属し、元和五年八月に紀州に入国、翌六年十月十二日に没したという。享年は未詳。

落合家では、「皆朱之鎗《かいしゅ》」と「磔《はりつけ》 差物《さしもの》」を先祖から所持し、子々孫々御免（所持伝来の許可だろう）されているという申し伝えがあるものの、記録焼失のため、御免をこうむった時期はわからないという。

『寛政重修諸家譜』において、左平次道久の子で松平隠岐守定勝（家康の異父弟）に仕えたとある長作道一と小平次某が、《系図3》では、初代道次の弟となっている（《系図3》では、松平隠岐守に仕えた弟の通称は惣平次となっている）。

ついでに、二代道清の事跡についてもここで紹介しておく。道清は道次の実子であり、生国は紀伊。初代の家督を継ぎ八百石を賜り（時期未詳）、その後旗奉行を務めた。万治《まんじ》三年（一六六〇）六月四日に病死したという。享年は未詳。

初代道次が武田氏旧臣であるか否かについては、六代道広が記した『系図元帳』と題される冊子（落合家所蔵）のなかに、次のような記載がある。「初代は甲州武田信玄に仕えていたなど諸々の説があるが、書付などを焼失してしまったためよくわかっていない。ただ、甲州に仕えていたと聞き伝えているということは、如流様（四代道矢《みちのり》）が常々語っておられた」。

四代道矢は享保十八年（一七三三）に七十四歳で病死している。六代道広は同元年生まれだから、祖父道矢の話を直接（そして何度も）聞いたことがあったのだろう。

以上のように、紀州落合家の子孫たちは、たしかに先祖が武田氏旧臣であったとする伝承を持っていたのである。この伝承が真実であるかどうかは、先の推論と合わせ、今後も慎重に検討を重ねてゆかなければならないが、紀州落合家では、初代道次が浜松において家康に召し抱えられたとする所伝を家譜に記していることも注目される。

家康がそれまでの本拠三河岡崎を嫡男信康に譲り、居城を遠江の曳馬《ひくま》に移し、ここを浜松と改称したのは元亀元年（一五七〇）六月であった。花沢の戦いから五ヶ月後のことである。この点も先の推論とは矛盾しない。

つまり、左平次道久（《系図3》では初代道次）が武田氏を離れ徳川氏に従ったのは、花沢の戦いを経て家康が浜松に居城を移した同年六月以降、長篠の戦いのあった天正三年までのあいだとすることができる。いま知りうる史料によって、これ以上時期を絞りこむのはむずかしい。それはともかく、紀州落合家の家譜・伝承からも、初代が武田氏旧臣であったことを推測させるような痕跡が見いだせるのである。

初代の事跡を掘り起こす六代道広

家の旧記などを焼失しているにもかかわらず、なぜ江戸後期の紀州落合家では、初代の事跡をある程度まで記すことができているのだろうか。

これは先にも触れた六代道広の、〝家の歴史〟を復元しようとする強い意欲によるところが大きい。道広は享保元年生まれ、享和二年（一八〇二）三月十八日に八十七歳で没した。明和六年（一七六九）には、嫡男七代道功《みちたか》に家督を譲って春葉と号しているが、隠居以前から道広は落合家の歴史に関心を持ち、その関心は隠居後も失われることがなかった。前述した祖父の聞書など、自分の家や先祖に関わる伝承・記録などを記した覚書を多く残している。

六代道広が嫡子の七代道功に宛てた「遺教」と呼ばれる文書によれば、彼に至るまで、紀州落合家の「中興の祖」は、初代道次ではなく、二代道清とされていたという。そこでは、祖父道矢が「先祖は信玄に仕え、武田氏が没落したあと、家康様に召し出されて、大坂陣の前に頼宣様に駿河にて近侍した」と語っていたと書いている。

しかし、この伝承と、別に藩経由で入手していた過去の先祖書や知行目録などを付き合わせると、二代道清がかなりの長生きになってしまい、かねがね不審に思っていた。そうしたところ、二代道清の百年忌にあたる宝暦八年（一七五八）に、駿河以来の菩提寺である井原町久昌寺において法要を営んださい、同寺の過去帳に「天叟快雲落合左平次父」という記載があることがわかった。

そこで道広は、あらためて藩の御書物方・御勘定所に依頼して藩の記録を吟味し、知行目録を確認したところ、「快雲様」（初代道次）が駿河にて召し出され、頼宣に近侍したこと（「駿河を領した頼宣に召し抱えられた」という意味か）がまぎれのない事実であると判明した。そこで久昌寺に石碑を再建して、その由来を藩儒伊藤蘭嵎《らんぐう》（仁斎五男）に依頼し、起草してもらったという。

これにより、二代道清の父こそが紀州落合家「中興の祖」であり、法名を「天叟快雲」といい、没年が元和六年であることもわかったのだろう。かくして、埋もれていた初代左平次の存在が、百数十年の時を経て、子孫によって掘り起こされたのである。

知行目録が示す落合家の家柄

ここで、六代道広が言及している知行目録について紹介しておく。

現在落合家に残る最も古い知行目録の正文《しょうもん》は、元和六年八月二十六日付で「落合左平次」

に宛てられたものである。落合家の記録にしたがえば、初代（同年十月没）があたえられた所領となる。そこでは、紀伊那賀《なが》郡池田《いけだ》垣内《かいと》村（和歌山県紀の川市）に三百三十七石余、伊勢飯高《いいたか》郡塚本村（三重県松阪市）に四百六十二石余、計八百石を宛行われている。

道広が藩に依頼し入手したとおぼしき知行目録を写した書付も同家に伝わっている。それによれば、元和二年八月に、遠江山名郡西田村（静岡県袋井市）・同国周智《しゅうち》郡石河村（同県森町）・同国榛原《はいばら》郡笠野村（同県牧之原市笠名）に六百石余を宛行われている。

道広は、初代の事跡を掘り起こすことはもちろんだが、これによって明らかになった事実、すなわち落合家が、元和五年に頼宣が紀州に移封される以前、駿河・遠江などを領していた時代から仕えていた、「駿河越」という紀州藩内でも由緒ある家柄であることを、子孫たちに語り伝えておきたかったものとみられる。

初代左平次の諱

二代道清の百年忌を機に初代の存在が浮上してきたわけだが、では、なぜ紀州落合家では、初代の諱を「道次」としているのだろうか。

宝暦八年の百年忌のときには「天叟快雲落合左平次父」としかわかっていなかったところ、

それが判明した経緯についても道広が書き残している（落合家所蔵の冊子断簡）。

それによれば、安永六年（一七七七）十月七日に七代道功が、下屋敷の医師木梨玄庵から、自分の手もとに古くて破損している屏風があったので修理したところ、下張としてこんなものが出てきたと、一通の書状を見せられた。この書状は初代の諱と花押が記された文書であり、これによって初代の諱がようやくわかったというのである。この古屏風は、頼宣に仕えそれなりに名の知られた絵師的場紋左衛門が描いた作品であり、時代的にも問題ないので、書状は初代自筆とみなしてよいと道広は書いている。

紀州落合家が初代の諱を「道次」とした根拠は、この書状にあるのだろう。そうであるなら、江戸落合家が寛永譜において初代を道久としていることをどう理解すればいいのだろうか。

考えられる可能性はふたつある。ひとつ目は、道久が元和五年に紀州に移ったのち、道次と名を改めたということである。いまひとつは、諱を確定するきっかけとなった下張文書に書かれた初代の諱を、道広・道功父子が「道次」と読み誤ったということである。

後者について言えば、「久」と「次」の書体はまちがえようがないようにも思う。しかし、これが長く屏風の下張とされていたという保存状態や、一般的に書状に記された諱を判読することのむずかしさを考えると、ありえないことでもない。いずれにせよ、寛永譜において小平次道次が養父の名を道久と書いているのだから、ある時点で初代が道久を名乗っていたのはたしかなのであろう。

江戸落合家と紀州落合家の溝

二代道清の出生地について、先に紹介した紀州落合家の記録では紀州となっている。元和五年八月から、父初代道次が没する翌年十月までの短い期間に生まれたことになる。ただし、この伝には異説もあって、落合家に残る家譜類には、二代道清の生国を不明としたり（寛政十年家譜）、駿河かと推測するものもある（『系図元帳』）など一定しない。

これも六代道広の作成になる『系図二帳之内但下書』という覚書中にある記載だが、父五代道建《みちたけ》が藩の御書物方に問い合わせ、入手した二代道清提出の先祖書には、初代が紀州に来てから出生したとあるという。この写も落合家に伝わっている。そこには次のように記されている。

「わたしの先祖の生国《しょうごく》は遠江です。親左平次が権現様に浜松において召し出され、御奉公したことを承っております。このほかのことは、幼少時に父と死別したため、しかと承っておりません」。道広はこの記事から道清が紀州において生まれたと解釈しているが、幼少時に死別したとあるだけで、道清は紀州移住以前に生まれていた可能性がある。実際、落合家にいくつか残る系図のなかには、道清が駿河において生まれたのではないかと推測しているものもあることは、先に述べたとおりである。

それはともかく、以上の状況を考えると、紀州落合家の系図・家譜類のなかに、初代道次の事跡（とくに紀州以前のそれ）がまったく書かれていないこともうなずけよう。二代道清は、父道次の〝戦国武士〟としての人生をまったくと言ってよいほど知らなかったのである。

だからといって、その空白を江戸落合家に頼って埋めるということもしなかった。かろうじて、《系図3》の原拠となった幕末に作成された紀州落合家家譜のなかに、江戸落合家とつながる小平次の名が見える程度である。

逆に江戸落合家のほうでも、早くに小平次道次が養父道久から独立していたこともあって、養父の後半生について詳しいことはほとんど記さない。養父が紀州に移ってからは連絡が途絶え、七十六歳の享年や「天叟快逗」の法号も、正確な情報によらず記した可能性がある。それゆえに江戸では初代の没年を寛永七年と認識し、いっぽう紀州では元和六年としたり、法号も「天叟快逗」「天叟快雲」と微妙なちがいを見せたりしている。

このように、江戸落合家と紀州落合家とのあいだには、ほとんど別家といってよいほどの溝があり、相互に情報交換をすることもなく、まったくの没交渉であったように思われるのである。

「背旗」は誰が、いつつくったのか

以上、「背旗」をつくった人物は寛永譜の「左平次道久」であり、彼は紀州落合家初代の左平次道次と同一人物であるという結論について、あまり論理的に筋道立てて述べてきたわけではないが、ここまでの内容から判断してもらえると思っている。丸山が論じるように、落合左平次道久・同左平次道次という人物がいて、それぞれ武田氏と徳川氏の家臣であり、後年いずれも頼宣に仕えたため事跡が混同されてしまったとは考えがたい。

そこで本書では以下、紀州落合家の初代で、「背旗」を制作した人物を左平次道久と呼ぶことにする。「背旗」の現在の正式名称は「落合左平次道次背旗」であるが、これにともない「落合左平次道久背旗」のように変更すべきだろう。

ただし、一度定まった史料名を変更するためには、ここで論じたことが学説として広く受け入れられなければならない。少なくとも以下では、道次の諱を用いることは避けるため、高柳の著書や『大日本史料』十二編での史料名にもとづき、仮に「落合左平次指物」と呼ぶことにしたい（ただし「背旗」の略称はそのまま使うことにする）。

これにくわえ、右のように考えるとすれば、このことは、本章冒頭で述べた「背旗」制作の物語にも重大な変更を強いることになる。道久は長篠の戦いのとき家康に属して従軍していたのであり、強右衛門が磔にされ殺害されたとき居あわせていないことになるからだ。

丸山も想定しているが、武田方でない以上、仮に彼が強右衛門の姿を目撃したとすれば、殺害から五日を経過した合戦当日の二十一日以降、磔のまま放置されていたなきがらを見たということになる。

道久は、強右衛門の姿を旗指物にするため、これを実際に見た人からの目撃談や、自身が目にしたかもしれないなきがらの記憶をもとに、あの図柄を描かせたと考えざるをえないのである。本章の章題を「目撃者・落合左平次道次」としたが、史料をよく検討してみたら、実は道次の諱は道久であり、しかも彼は、強右衛門が磔の上で殺害されたときの目撃者ではなかったかもしれない、という恐るべき結論にたどりついてしまった。仕方あるまい。

では、寛永譜の道久伝に「背旗」の記事がまったく見えないことを、どう考えればよいのだろうか。

このことは逆に、「背旗」の制作時期を推測する大きな手がかりになりはしまいか。「背旗」はあくまで紀州落合家に相伝されるべき家の宝であり、江戸落合家とは無関係であったと考えられる。江戸の小平次道次は、養父道久がそうした「背旗」を作成したことすら知らなかったかもしれない。だから、系図には書かなかった（書けなかった）のである。のち第五章・第七章でも触れるように、「背旗」には血痕が付着しているため、実際に戦場で使用された可能性が高い。考えられるのは大坂の陣である。このようなことを勘案すると、「背旗」は、小平次道次が養父から離れて家康に近侍した慶長四年以降、大坂の陣までのあいだに制作されたと推測することができる。

高柳も著書のなかで言及している史料に『息軒遺稿』がある。江戸幕末から明治に生きた日向飫《お》肥《び》藩の儒者安井息軒《そくけん》（一七九九―一八七六）の著作であり、その書名のとおり息軒没後、彼の孫たちが祖父の遺稿を編んで、明治十一年（一八七八）に刊行された。

このなかに「書鳥井勝高死節図後」として、「背旗」制作にまつわる挿話が収められている。この一部は『南紀徳川史』の落合道次伝にも引用されている。ここでは、たしかに武田方であった道次（実は道久）が磔姿を目撃したとある。

それだけではない。道久は、磔にされた（おそらく半死半生の）強右衛門に対し、たとえあなたが死んだとしても、その志を長く伝えたいので、あなたの姿を描いて背旗にしてよいかと直に訊ねたというのだ。すでに言葉を発する力を失っていた強右衛門は、これに頷いて許可をあたえたという。しかも、苦しむ強右衛門を見かね、許しを乞うて鉄砲でとどめを刺したとまで書いている。

息軒は、この話を、「背旗」の絵の写を所持していた中津の人・瀬川剛司なる人物から聞いたとしている。瀬川剛司も息軒も、伝承にもとづいてそう語っているにすぎまい。そうして成立した『息軒遺稿』や『南紀徳川史』などにより、あたかも道次が強右衛門の死を目撃したかのような虚構が広まり、それをわたしたちが受け継いでしまったのである。

第五章　旗指物の伝来と鳥居強右衛門像の流布

五点ある強右衛門の旗指物

紀州落合家初代の道久は、鳥居強右衛門の磔姿を描いた図をみずからの旗指物とした。彼の子孫たちも初代にならい、同様の図柄の旗指物を制作した。これらはいまも落合家に伝来している。東京大学史料編纂所所蔵の「背旗」（「落合左平次指物」）を合わせれば、計五点の旗指物が確認されている。

それでは「背旗」一点だけがなぜ落合家の外に出てしまったのだろうか。また、五点ある同様の旗指物のうち、なぜ「背旗」が初代制作とわかったのだろうか。

右のふたつの疑問は、「背旗」と落合家に残る四点の旗指物の観察にあわせ、前章でも紹介した同家に伝わるさまざまな文献史料を読み解いたうえで解決することができた。本章では、これらの研究成果を紹介するとともに、紀州落合家代々の旗指物作成の過程や、それを記録した六代道広による〝家の歴史〟再生の営みを見てゆきたい。

そのうえで、紀州落合家によってつくられた鳥居強右衛門の図像が江戸時代後期に流布し、武家社会のなかで強烈な印象をあたえていった様子を追いかけることにする。

落合家の旗指物

東京大学史料編纂所では、二〇一一年に紀州落合家の子孫にあたる落合家を訪れ、同家所蔵史料を撮影するとともに、伝来する旗指物の調査をおこなった。これらの旗はすべて「背旗」とおなじく、磔にされた男を描いたものであった。

落合家の四点と「背旗」の計五点について、どのように描かれているのかという概要と寸法をまとめ、《表3》に示した。落合家の旗指物は大きい順からならべ、仮に（1）から番号を付した。（1）と「背旗」（＊）がほぼおなじ寸法で最も大きい。

（1）と「背旗」は、縦と横の長さに大差がなく、正方形に近い。ひと回り小さい（2）は、縦横比としては若干縦が長くなり、（3）（4）は縦横比が約三対二の「四半《しはん》」と呼ばれるもので、四半は旗指物によく見られる型である。

《表3》の描かれ方に入れた情報は、それぞれの図柄の見た目ではっきりちがいがわかる下帯（褌）の色と、旗が表裏両面に描

《表 3》　落合家伝来の旗指物と「背旗」の現状

	描かれ方	寸法（縦×横）
（1）	下帯浅葱、両面	148.0×134.0
（2）	下帯白、片面	114.5×98.0
（3）	下帯浅葱、片面	90.5×64.1
（4）	下帯朱、両面	85.7×66.1
＊	下帯朱、両面	145.2×133.1

＊は史料編纂所所蔵「背旗」

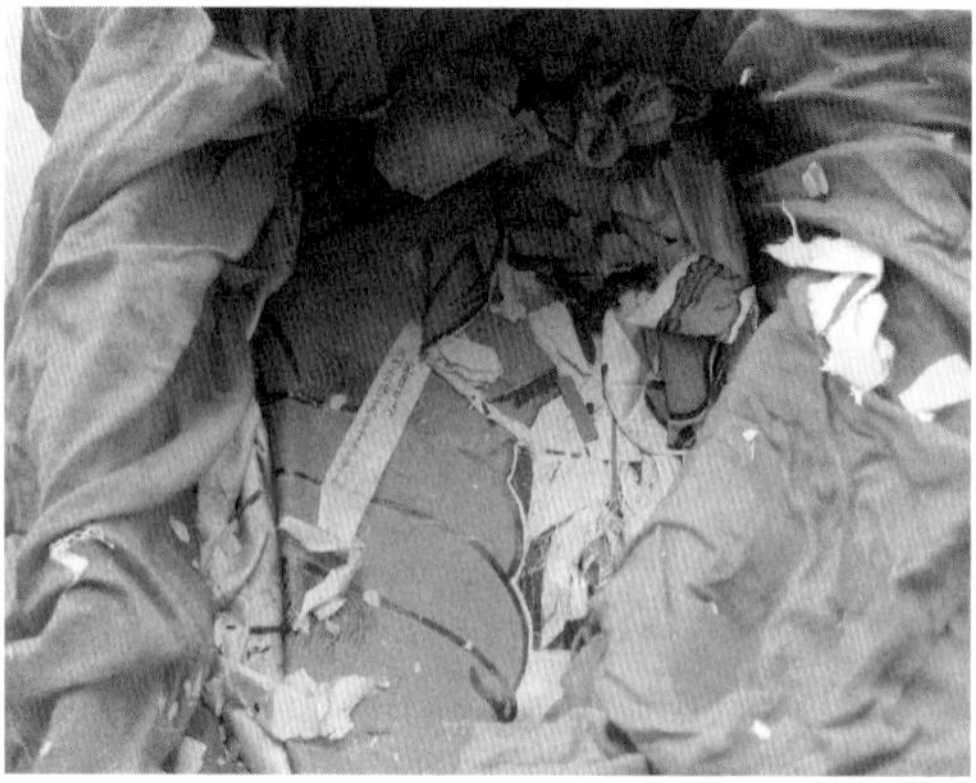

落合家所蔵の旗指物（共同研究撮影）

かれているか、片面だけなのかという点である。これは、後述する丸山彭のまとめ方に従ったものである。このうち（1）（2）（4）の三点は損傷がはなはだしく、開披しようとすると布片や糸屑がポロポロとこぼれてくるような状態であった。

以下、順番に四点の状態を紹介したい。

（1）は表裏両面に描かれている。人物は朱であるが、下帯は浅葱色（水色）である。顔面の大部分、左腕、右肘、両足膝下など、着色された人物部分のうち折目を中心とした箇所の欠損が目立ち、顔面は両眼周辺を中心に破片の状態で残存している。縦辺・上辺の袋乳《ふくろち》（旗竿を通すため袋状に縫い合わせた部分）がほぼ確認でき、上左隅・上右隅・下左隅三箇所の隅韋《すみがわ》（黒色）も残存する。【口絵図版3】

隅韋とは、旗に竿を通したさい、はためくことにより布地が破れることを防ぐため、隅の箇所に縫いつけられた補強の革のことである。（1）の隅韋には、旗を竿に固定するための紐も残存していた。なお調査では裏面を上にして展開したため、図版では右側に縦の袋乳がある。

（2）は片面のみに描かれている。人物は朱、下帯は白である。（1）と同じく、両手足を中心に着色された（とくに朱色）人物部分に破損が見られ、横に細かく断裂した（つまり経《たて》糸が切れている）状態が目につく。縦辺・上辺の袋乳、三箇所の隅韋（黒色）は（1）にくらべて良好な状態で残っている。【口絵図版4】

（3）も片面のみに描かれている。人物は朱、下帯は浅葱である。折目が破れかけたため、平成三年に裏打ち修理がおこなわれている。それもあって、他の三点にくらべればほとんど破損が見られない。縦辺・上辺の袋乳、三箇所の隅韋（白色）が残り、全面にわたって斜めに糸縫いされている。菱刺しと呼ばれる生地の補強である。現在額装されている。【口絵図版5】

（4）は両面描かれている。人物・下帯とも朱である。首から上の頭部が完全に欠損しており、手首・足首部分も切れている。両面に描かれたうえに絵具が厚塗りされているせいか、人物部分が薄い板状に固まって残存し、周囲の無着色の白地がそこに引っぱられ、破損していったように思われる。縦辺の袋乳はほぼ原型をとどめているが、上辺はわずかに残る緯《よこ》糸が紐状になってかろうじてつながっている状態で、袋乳はほとんど確認できない。下辺も切

れかかっている。上部と下左の隅韋（白色）は残存している。【口絵図版6】

ついでに、史料編纂所の「背旗」についても触れておきたい。「背旗」は、本章でこれから述べるような調査の結果を受け、修理がなされて、見ばえが大きく変わった。それについては第七章で述べるので、ここでは修理前の所見を示す。

掛幅装《かけふくそう》になっているので、両面描かれているか確認できない（修理の結果両面描かれていることが判明した）。縦辺・上辺の袋乳は原状をとどめていない。左上隅・左下隅に隅韋があった痕跡をわずかに残している。ただし、隅韋そのものは残存していない。

落合家の旗指物とくらべれば、全体的に断裂や絵具の剝落部分はさほど多くはなく、ほぼ良好な状態を保っている。剝落が見られるのは、おもに黒の絵具を用いた部分（人物の輪郭線や礫柱部分）に多く、とりわけ縛りつけられた足首に近い柱の部分が大きく剝落していた。この部分には後年（掛幅装にされたときか）そこに布を補って黒く塗った痕跡がある。掛幅装にされたとき化粧断ちされた袋乳の切れなどを、補修のため転用したのかもしれない。

このほか落合家には、「下絵」と称される紙本墨書の図一枚が伝わっている。「下絵」は仮称であり、実際に伝わる旗指物を写したものかもしれない（この史料的性格については終章にてもう一度触れる）。

そこには、縦横の余白に、「竪五尺一寸」（約百五十四・五センチ）・「横手四尺五寸」（約百三十六・四センチ）の寸法と「袋乳」の文字が書き入れられている。この寸法によるなら、「背旗」もしくは（1）の下絵か写しに該当する。

左側に「袋乳」の文字があるように、この「下絵」には縦（左）辺・上辺に袋乳を表現した二重線が引かれ、上辺左右隅、左下隅には隅韋も描かれているように見える。また右上隅・左下隅の隅韋とおぼしき部分からは、竿に固定するための紐も描かれている。図柄を見ると「背旗」や（1）とよく似ており、いずれかの原状を推測するための重要な参考資料となる。

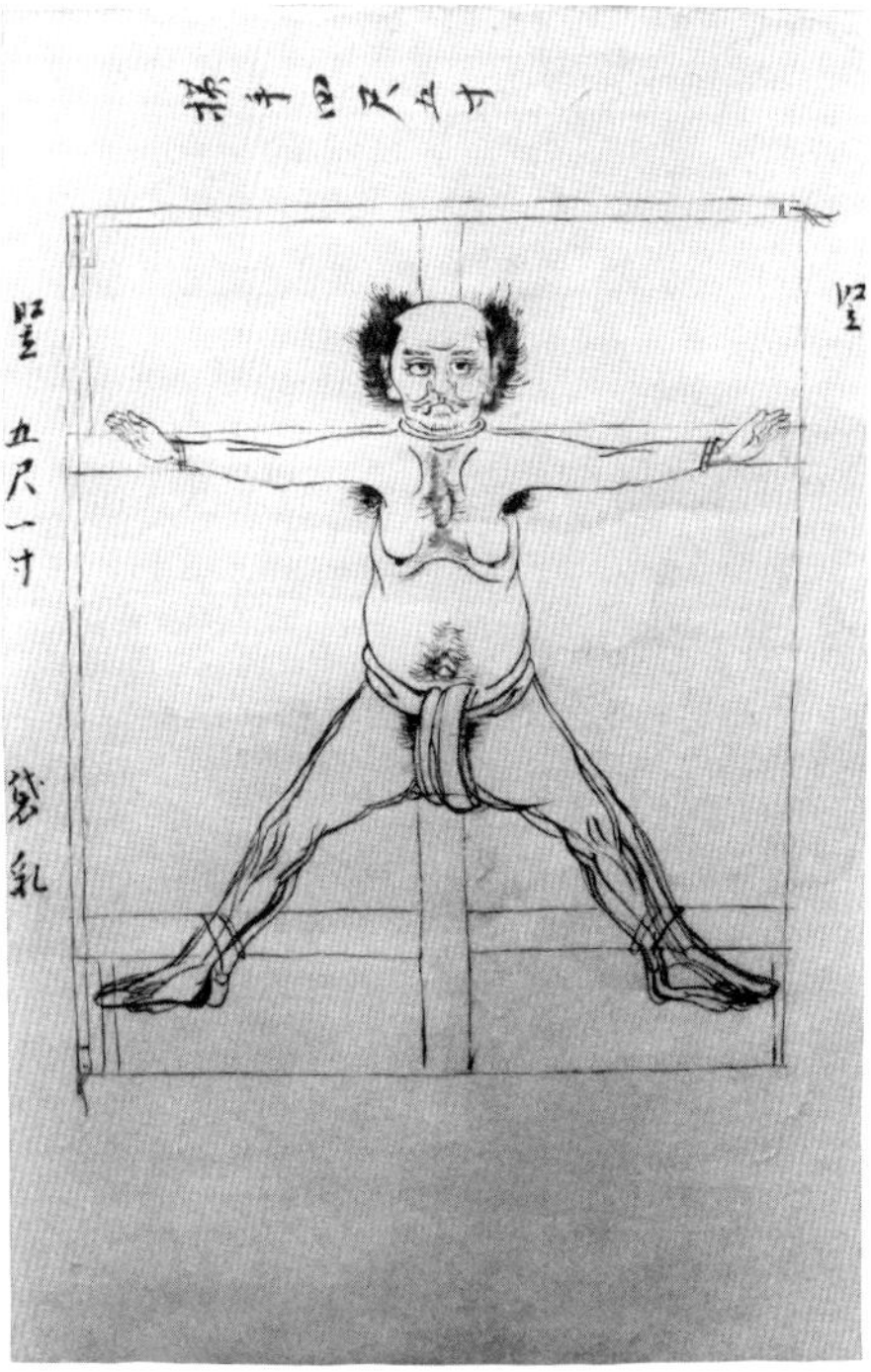

落合家旗指物下絵（湯浅大司撮影）

昭和四十二年の調査

いまから約五十年前の昭和四十二年（一九六七）、丸山は落合家の調査をおこない、同家の旗指物のうち三点（および「下絵」）を披見して紹介している。史料編纂所の調査は、もちろんこの丸山の調査成果をふまえて実施されたものである。未調査の旗指物一点があるのは、状態が悪く、開くことができなかったのであろう。

史料編纂所の調査ですら、修理の専門家である技術職員一人を含む八人で訪問して、ひとつの旗指物を広げ、観察したあとそれを畳んで戻すのにも難渋したほどであるから、おそらく一人ないし数人で訪れた丸山にとって、調査にはたいへんな苦労があったのではあるまいか。そうした悪条件にもかかわらず、調査結果を公表した丸山の学恩に感謝しなければならない。

《表4》　丸山彭の調査

	描かれ方と状態
（イ）	全身朱、下帯朱（損傷甚大）
（ロ）	全身朱、下帯浅葱（損傷甚大）
（ハ）	全身朱、下帯浅葱、ヒシザシ、四半

さて、丸山が調査した旗指物三点を、氏の名づけ方そのままに（イ）（ロ）（ハ）とし、《表4》にまとめた。

丸山は寸法を明記していないものの、示している特徴（下帯の色）・状態などから、《表3》との対応関係が容易に判明する。すなわち（イ）は（4）、（ロ）は（1）、（ハ）は（3）に該当すると思われる。（2）が未調査ということになる。

そのうえで丸山は、（イ）と（ロ）は「いたみが甚だしいので、何代のものかわからない」としたうえで、「東大資料《ママ》編纂所にあるものが、初代のものであろうと判断されるだけである」と論じた。これは旗指物の観察だけではなく、落合家に残る関連の文献史料と付きあわせての判断であろう。次に、その文献史料を見てゆくことにする。

六代道広作成の「指物覚」

紀州落合家において、旗指物について詳細な記録を残しているのは、前章でも触れた六代道広である。時期に隔たりはあるが、彼が記した複数の所見が確認される。最も時期が早いのは、元文《げんぶん》六年（一七四一）二月の年記のある「指物覚《おぼえ》」である。当時道広は建平と名乗っており、二十六歳の若さであった。父建重《たけしげ》（道建の名は没後道広による改名）を享保二十年（一七三五）に喪っており、事情は不明ながら、六年後にあたる元文六年五月に、ようやく父の遺領八百石のうち六百石の相続が認められた。「指物覚」は相続直前に作成されたことになる。家の継承を意識し、家伝の大切な武具を点検したのだろうか。この「指物覚」は丸山も紹介している。

さて道広は、「当家到末代迄御免皆朱之鑓、磔之指物」として、初代から父道建までが用いた四点の旗指物について、簡単にそれらの特徴をまとめている。次のとおりである。

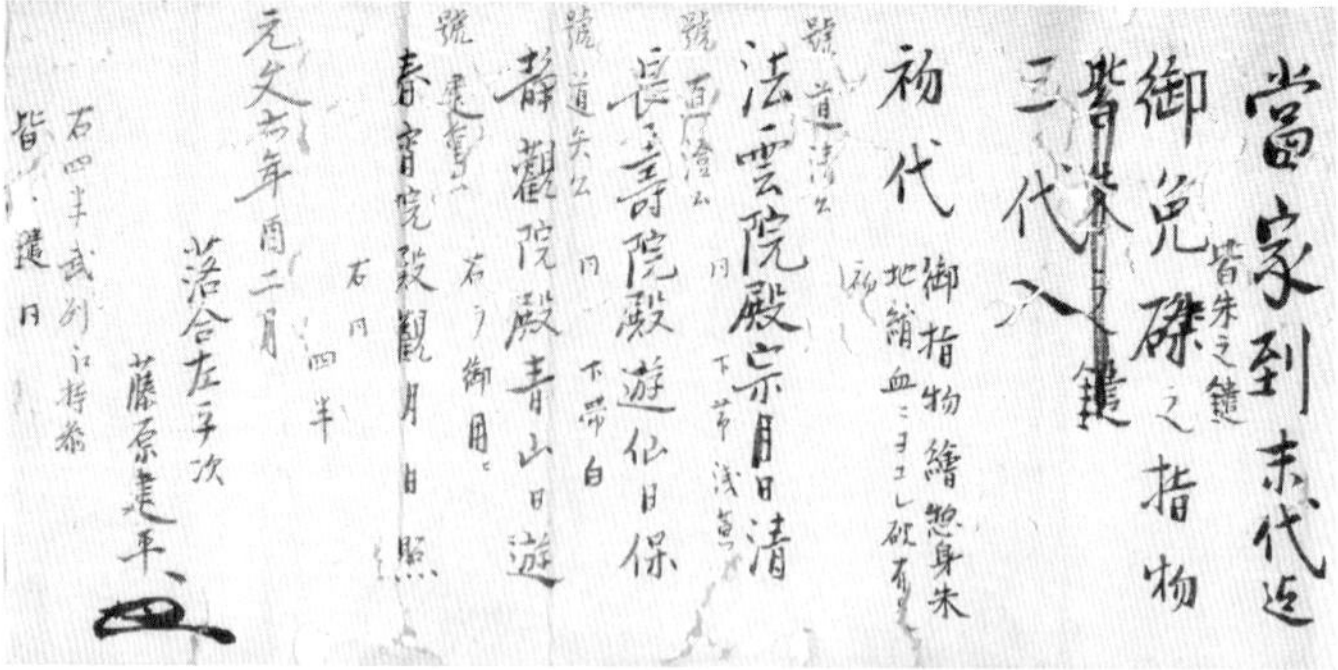
當家到末代迄
御免礫之指物　皆朱之鑓
三代へ
初代　御指物繪惣身朱
號道清ニ　法雲院殿宗月日清
號直澄ニ　長壽院殿遊仙日保　下帯白
號道矢ニ　静觀院殿青山日遊
春宵院殿観月日照　四半
元文六年酉二月
落合左平次
藤原建平

落合建平（道広）所蔵指物覚（東京大学史料編纂所撮影）

①初代　指物の絵は総身朱であり、絹地で、血に汚れ、破れがある

②法雲院殿（道清と名乗った）宗月日清　右におなじ（総身朱）。下帯は浅黄（葱）

③長寿院殿（直澄と名乗った）遊仙日保　右におなじ。下帯は白

④静観院殿（道矢と名乗った）青山日遊　右を用いられていた

⑤春宵院殿（建重と名乗った）観月日照　右におなじ（総身朱）。四半

ここで、前章にも出てきた皆朱の鑓について触れておきたい。紀州落合家にとっては旗指物とならんで大切な家宝であった。これは名前のとおり、柄が朱で仕立てられた鑓であり、紀州落合家では、徳川家中でこれを許されたのは、「血鑓九郎」の異名をとった長坂信政、これ

また「鑓半蔵」の異名のある渡辺守綱と、落合家初代の道次の三人だけだと伝える（明治二十四年「落合家背旗並皆朱鎗献上願」）。この鑓も現在落合家に伝えられている。

さて、「指物覚」に記された旗指物の話に戻ろう。

前章では、道広の「遺教」にもとづき、彼が初代を「中興の祖」と認識したのは、二代道清の百年忌法要があった宝暦八年（一七五八）のこととした。ところがその十七年前にあたる元文六年時点で、諱と法号の記載こそないものの、初代の旗指物について書かれている。初代の旗指物は伝わっているので、道清以前に「初代」がいたという認識は持っていたものの、諱も法号もわからなくなっているので、あくまで「中興の祖」が二代道清ということだったのだろうか。

下帯の色から少なくとも判明するのは、③が（2）にあたることである。また、②は（1）か（3）になる。⑤は四半だとあるので、（3）か（4）になるのだろう。

落合家には、六代道広が「指物覚」を書いた元文六年時点で、初代・二代道清・三代直澄・五代道建が制作したおなじ図柄の旗指物四点が伝来していたことになる。残る四代道矢は、自身では新たに制作せず、直澄の旗をそのまま用いていた。

このままでは現状の落合家の四点および「背旗」の計五点と数が合わないうえ、歴代作成の旗がどれにあたるのか、完全な特定には到っていない。道広が隠居後にあらためて書き記した旗指物の記録があるので、そちらを見てみることにしよう。

『系図元帳』に見える歴代の旗指物

六代道広が子の七代道功に家督を譲って隠居してから、家の系図や自身が聞いてきたことなどを覚書として書き記した冊子に、『系図二帳之内但下書』『系図元帳』と題された二冊の冊子がある。それぞれ一部は前章でも触れたとおりである。このうち後者には寛政八年（一七九六）四月の年記がある。道広（当時春葉）八十歳。先の「指物覚」から実に五十年以上が経過している。もちろん、このなかに書かれてあることすべてがこのとき書かれたとは限らないが、最晩年の筆録であることはまちがいなかろう。

このうち『系図元帳』には、若い頃にまとめた「指物覚」以上に詳細な旗指物に関する記録が見られる。そこでも歴代の順番にそって、旗指物の来歴や様子が記されているので紹介する。

①初代所用

人物は朱で描かれている。袋乳がある（隅韋は黒、緒は茶色）。地は白絹。矢・鉄砲玉・鐺によって空いた穴が三箇所ある。血が所々に多く付着している。そのままにしているとし傷んでしまうからか、三代直澄の時代に洗ったことがあり、染め返したという。

三河長篠の奥平家にいた鳥居強右衛門の形見にとて、彼が磔に上った図であるということを、名取兵左衛門と橋爪流高弟の鈴木平左衛門が話してくれた。しかし先祖からの申し伝えがないため、実際はわからない。許されなければ使うことができない物であるので、家康様から御免をこうむったのだろうか。

②二代道清所用

人物は口を開けている。下帯は浅葱（原文は「浅黄」）。四半。

③三代直澄所用

二代のものと同様人物は口を開けている。下帯は白。当時の絵師である鈴木可恐が描いた。

④四代道矢

三代直澄のものを用いた。

⑤五代道建所用

大きさ未詳（原文には「四半を不御□」とある）。地は練（絹）であり、菱刺しである。

図柄は三代直澄同様であり、森宇兵衛なる大鼓《おおつづみ》打が描いた「素人絵」である。

⑥六代道広所用

父道建の旗を用いていたけれども、ご先祖様の指物は人物が口をむすんでいるので、その図柄にしたいとかねがね思っていた。安永四年（一七七五）五月十三日、禁裏絵所《えどころ》狩野昌栄《しょうえい》門弟の笹川遊雪という絵師に依頼し、新たに仕立てた。大きさは父が好んだ四半とした。

五点の旗指物の制作者

以上の『系図元帳』記事により、現存する五点と紀州落合家歴代が制作した旗指物の対応関係が明確になった。順番に確認してゆこう。

（1）は下帯が浅葱色なので、②二代道清所用となろう。（1）は本体から分離してしまった布片に口元があり、歯を見せていることが『系図元帳』と合致する。

（2）は前述した「指物覚」により、すでに③であることがわかっている。『系図元帳』からもたしかめられた。これも口を開けているとあるが、欠損により確認できない。

（3）も（1）同様、下帯浅葱で口を開けている（正確には歯を食いしばっていると表現すべきか）が、『系図元帳』に菱刺しとあるので、⑤五代道建所用である。

（4）は下帯も朱であり、大きさは四半なので⑥の記事に符合する。六代道広は父五代道建の旗指物⑤＝（3）とおなじ大きさに合わせたとあるので、（3）に近いのは（4）しかないのである。

そうなると消去法でゆけば、残った史料編纂所所蔵の「背旗」は①初代制作となる。従来は紀州落合家の他の四点の存在や、右に触れた『系図元帳』などとの比較検証という作業をじゅうぶんに経ないまま、初代制作という説が受け入れられていたと思われるが、この検証によりそれがたしかめられた。

考証が込み入ってきたので、現状《表3》および丸山の所見《表4》と『系図元帳』記事に登場する歴代の旗指物の対応関係をあらためて《表5》としてまとめた。

『系図元帳』記事から新たにわかるのは、三代直澄所用の（2）は絵師によるものであり、五代道建所用の（3）は素人絵であるということだ。そのように言われれば、（3）は他とくらべて迫力に乏しい印象がある。また初代所用の「背旗」には、すでに「指物覚」に記載のある血痕にくわえ、矢・鉄砲玉・鑓による穴があることや、一度洗って染め返していることが明らかになった。

五点の旗指物を制作順にならべると、「背旗」→（1）→（2）→（3）→（4）となる。描かれ方の特徴からその変化の流れを大雑把にまとめると（初代の「背旗」を〝復刻〟した

《表5》 丸山彭の調査と史料編纂所の調査の対応

丸山彭の調査《表4》

（イ）	全身朱、下帯朱	損傷甚大
（ロ）	全身朱、下帯浅黄	損傷甚大
（ハ）	全身朱、下帯浅黄、ヒシザシ、四半	

史料編纂所の調査《表3》

（1）	下帯浅黄、両面	148.0×134.0	
（2）	下帯白、片面	114.5×98.0	丸山氏未調査
（3）	下帯浅黄、両面	90.5×64.1	
（4）	下帯朱、両面	85.7×66.1	
*	下帯朱、両面か不明	145.2×133.1	編纂所所蔵

落合家に残る文献の情報

①	初代所用	袋乳有。隅韋黒。結紐茶。人物朱。白絹。矢・鉄砲玉・鎗疵三箇所有。血痕も多く確認。直澄の代に一度洗い、染め返す	
②	二代道清所用	人物は口を開ける。下帯浅葱。四半	17世紀中頃
③	三代直澄所用	人物は口を開ける。下帯白。絵師鈴木可恐画。四代道矢もこれを用いる	17世紀末頃
⑤	五代道建所用	練絹。菱刺し。絵柄は三代直澄とおなじ。森宇兵衛という大鼓打による素人絵	18世紀前半
⑥	六代道広制作		

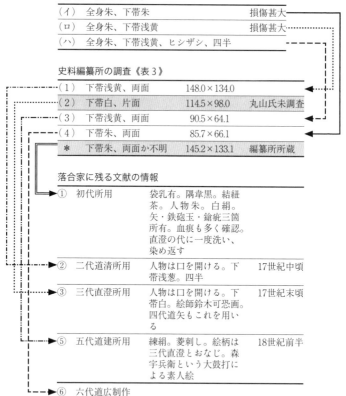

4は除外）、むすんでいる口（「背旗」）から開いている（歯を食いしばる）口（1・2・3）へ、下向きに垂れている乳首（「背旗」・1）から放射状に線が描かれる乳首（2・3）へ、下帯の色が身体とおなじ朱（「背旗」）から、浅葱（1・3）もしくは白（2）へ、となろう。

とりわけ下帯の色に顕著だが、これらは真実らしさを出そうとする方向での改変と言えよう。歯を食いしばる表現については、「背旗」の表情と対になる、あたかも阿吽《あうん》の像であるかのようだ。もっとも、これも真実らしさの表現なのかもしれない。ただ、「背旗」と他の旗指物を見くらべれば一目瞭然だが、これらの工夫はまったくの逆効果になっていると言わざるをえない。初代の「背旗」にはそれだけの迫力があるのである。

なお、初代の記事にあるとおり、この図柄が鳥居強右衛門を描いたものであることは、すでに道広の時代に紀州落合家ではわからなくなっていたようである。橋爪流（兵学の一派か）の人物に教わって、道広はようやくそれと認識したのである。

六代道広による旗指物制作

いま述べたように、六代道広が、自家に伝わる旗指物の図柄が鳥居強右衛門を描いたものであることを知ったのは、みずからの旗指物を新調しようとしたことがきっかけであった。

この経緯についても道広が詳しく記している。

道広が旗指物を新調したのは、安永四年のことであった。動機は、当初用いていた父五代道建所用の旗指物に描かれた人物が口を開けていたため、「御先祖様」の旗指物のように口をむすんだ図にしたいと考えたからである。このあたりも、〝家の歴史〟を大事にする道広の考え方に通じる。

道広が制作を依頼したのは、禁裏絵所の狩野昌栄門弟の笹川遊雪なる狩野派の絵師であった。彼は丹波出身で和歌山に住んでいたという。これよりあとの文化《ぶんか》年間（十九世紀初め）に、紀州藩の御用絵師として笹川遊泉という人物がいたことが明らかにされており、何らかの関係がある可能性があるが、詳しくはわからない。このあたりの考察は複雑になるので本書では割愛する。興味がある方は、本章の記述の原型となった拙稿（「落合家所蔵の旗指物と「落合左平次道次背旗」」）を参照していただきたい。

道広が遊雪に絵を依頼したとき、初代の旗指物（「背旗」）を見せられた遊雪は、このように言ったという。「これはまったく古法眼《こほうげん》元信の筆である。なかなか普通の絵のおよぶところではない。長篠の戦いの頃、元信は存命であった。せわしい時代に並の絵師がこのような絵はとても描けない」。

狩野派隆盛の基礎を築いた中世後期の絵師「古法眼」狩野元信は、生年が文明九年（一四七七）かとされ、没年は永禄二年（一五五九）である。つまり長篠の戦いのあった天正三年（一五七五）にはすでにこの世になく、ましてや前章で推測した「背旗」の制作時期とも大きくかけ離れている。したがって、遊雪の話はまったくの出鱈目であり、「背旗」が元信作ということはありえない。

このようなことをぬけぬけと話す遊雪に胡散臭さをおぼえてしまうが、彼の制作態度は真面目だったようである。もともと大きかった図（「背旗」）を小さい四半の図として描き直すため、何度も試作をして、十日間で数十枚を描いたという。ようやく満足のゆく下絵ができたので、いざ本番と、あり合わせの古い木を集めて木枠をこしらえ、そこに絹を張って彩色にかかろうとしたところ、誤って絵具の入った皿を絹の上に落とし、絹に朱の汚れをつくってしまった（この点、粗忽者《そこつ》でもあったようだ）。

一度は表具屋に頼んで色を抜かせ、それを生かそうとしたものの、師狩野昌栄が北野松《しょう》梅院《ばいいん》の菅原道真像を写したときの失敗から、「大切な像はかりそめの心で取り組んではならない」という教えを受けたことを思い出し、この旗指物も紀州落合家にとっては大切なものなので、絹を新しくし、木枠もきれいなものを使って描き直したいと申し出たという。

そうして、橋爪萬考流の名井武晴なる人物の指示のもと、「長篠にて鳥居強右衛門忠義の日」にあたる五月十三日に描きはじめた。この「忠義の日」は「世上の物語に習って」十三日としたというが、亡くなった日であれば、第一部で見たようにこれまたちがっている。

このような紆余曲折はあったものの、無事完成した旗指物について道広は、「実に能《よく》うつり申し候」と満足した旨を書き記している。たしかに道広が制作した（4）は、顔貌こそ確認できないけれども、下帯も色分けされずに朱にされ、「背旗」とよく似た雰囲気に仕上がっている。

道広の代には、旗指物の図柄の由来がわからなくなっていたが、周囲の教えによって鳥居強右衛門を描いた図であることを知り、あらためてそうであることを念頭において、旗指物が新調されたのである。いわば、紀州落合家の旗指物が鳥居強右衛門を描いた図であるという物語が、再生されたことになる。

兵法家平山行蔵と強右衛門像

十八世紀後期において、「背旗」にともなって再生された紀州落合家における鳥居強右衛門像とその物語は、十九世紀初頭以降、幕末・明治にかけて少しずつ流布していった。以下に触れる「背旗」の写の存在については、古典中国文学者の坂田新が論文「鳥居強右衛門」のなかでいくつか紹介しており、この論文に学んだことをあらかじめおことわりしておく。

谷文晁画『近世名家肖像』より「平山行蔵像」（東京国立博物館蔵 Image:TNM Image Archives）

さて、流布に大きく寄与したのは、江戸後期の幕臣・兵法家の平山行蔵《こうぞう》（一七五九―一八二九）である。彼の名は潜、字《あざな》は子龍、兵原と号した。間宮林蔵・近藤重蔵とともに「化政三蔵」と呼ばれたほどの著名な知識人であった。

平山は寛政の改革を主導した松平定信とも懇意であったという。彼の小伝を書いた石岡久夫により「総合武術家」と評されているように（『兵法者の生活』）、実践的にも秀でた人物であった。いっぽうで近世学芸史・書誌学者の森銑三《せんぞう》は、彼を「奇傑の士」と表現する。「常に五尺余の長刀を佩《お》び、長さ四尺三寸、重さ四貫目という八稜《はちりょう》形の鉄槌をついて出」たため、子供が怖がったという逸話もある奇人だったようだ（『偉人暦』）。

文化元年（一八〇四）夏、平山が紀州落合家に伝わる旗指物の写に添えて認《したた》めた賛文は、次のようなものである。靖国神社遊就館《ゆうしゅうかん》所蔵「落合左平次背旗之図」（一幅）の賛文を読み下し文にあらためた。

> 落合左平次は武田勝頼の臣なり。甲軍かつて奥平氏守るところの長篠塁を攻む。衆寡敵せず、陥《おとしい》ること旦夕《たんせき》にあり。戍将鳥井勝高なる者をして塁を

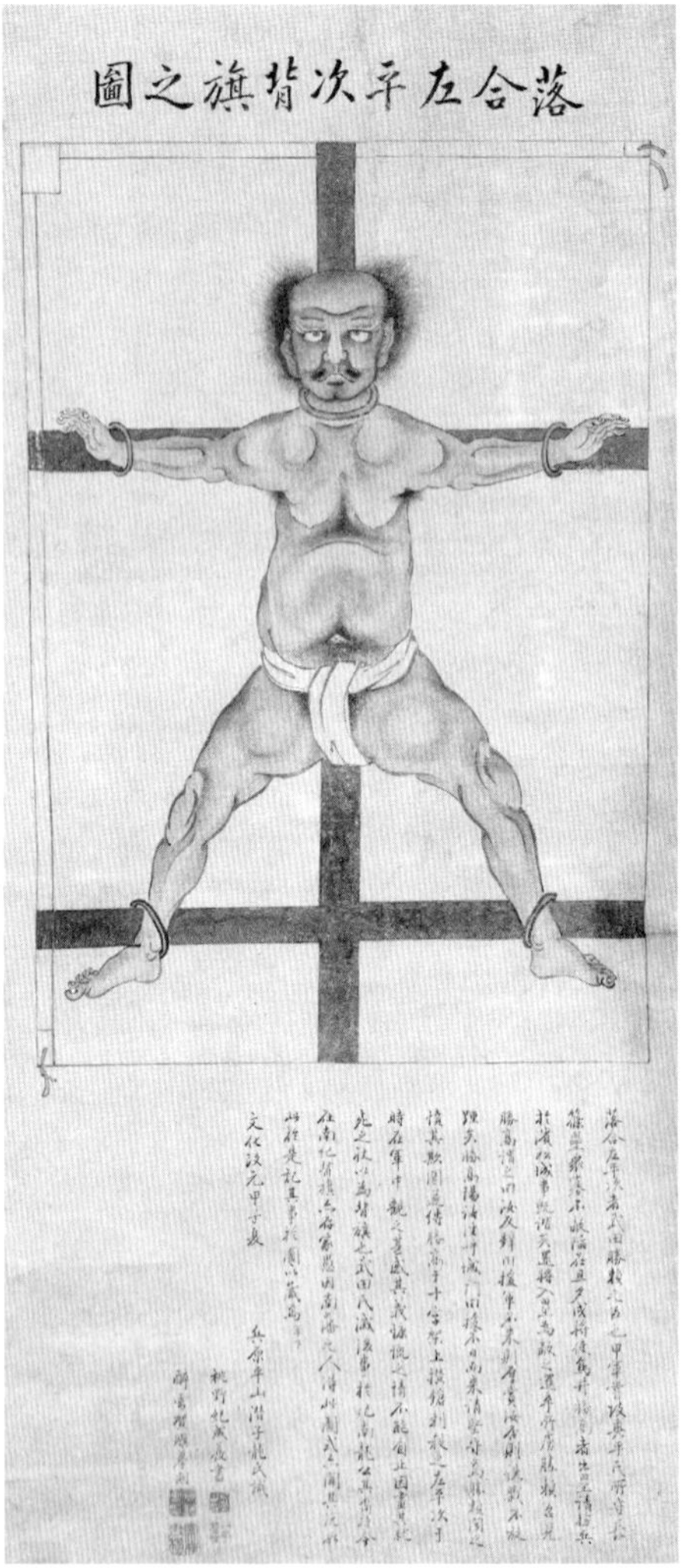

落合左平次背旗之図（靖国神社遊就館蔵）

出さしめ、援兵を浜松城に請う。事既に諧《ととの》う。還りて塁に入らんとす。敵の邏卒《らそつ》虜とするところとなる。勝頼召し、勝高を見て謂いて曰く、汝反辞して曰く、援軍来たらず。則ち賞を厚くせん。汝否《こば》まば、則ち誅戮踵を旋さず。勝高陽諾し、往きて城門を呼びて曰く、援不日にして来らん。請うらくは堅守せんことを。勝頼これを聞き、その欺罔を憤る。遂に勝高を十字架の上に縛め、槍を攢《あつ》めこれを刺殺す。左平次時に軍中に在り。

これを観て甚だその義に感ず。慷慨の情自ずと止むあたわず。因りてその死に就くの状を画き、以て背旗となすなり。武田氏滅する後、紀南龍公（徳川頼宣）に事《つか》え、その裔孫今に南紀にあり。背旗また家にあり。愚南藩の人によりてこの図式を得。またその説を聞き、かくの如く是にその事を図に記し、以て蔵せん。軍下。

文化改元甲子夏　　兵原平山潜子龍氏識

桃野紀成夔書（朱印）（朱印）

酔雪賀驥摹図（朱印）（朱印）

これによれば平山は、紀州藩（南藩）の人からこの図を得、強右衛門と左平次の物語を聞いたという。ここでは、初代左平次は武田勝頼の家臣とされている。左平次は、強右衛門が磔になったとき、その場を目撃してその義に感じ、憤り歎くこと収まらず、彼の死に至った様子を描いて背旗とした。

これは、わたしたちが頭に浮かべる〝最大公約数〟としての左平次と彼の旗指物をめぐる物語であろう。どうやらそのみなもとは平山の賛文にあったのである。しかし先に検討したように、左平次は長篠の戦い時点で武田氏の家臣でなく、ましてや武田氏家臣時代は勝頼に仕えていたわけでもない。左平次がかつて武田氏旧臣であったことなどから、そのような話がつくられてしまったのだろうか。

この靖国本は、賛文を随筆『反古のうらがき』などでも知られる幕臣（昌平黌教授《しょうへいこう》）鈴木桃野《とうや》（諱は成夔、一八〇〇—五二）が書し、図は桃野の母方の叔父でおなじく幕臣である多賀谷酔雪（諱は驥、一七七六—一八三九）が写したものである。酔雪は御先手《おさきて》与力《よりき》・火付《ひつけ》盗賊《とうぞく》改《あらため》などを歴任した御家人であったが、いっぽうで「読書を好み詩を綴り、最も絵事に耽《ふけ》り、山水に長ず」という文人でもあった（『事実文編』巻五十二所収「酔雪多賀谷君墓銘」）。

素人目ではあるが、たしかに酔雪の絵は、以下あげる背旗図の写のなかで、最もすぐれているように見える。平山行蔵・鈴木桃野・多賀谷酔雪という幕臣文人の人間関係のなかで作成された写と見られるが、平山による賛文の年記である文化元年当時、桃野は五歳にすぎず、平山の賛がある原図を後年写したものとみられる。

靖国本は、幕末・明治の国学者で、幕末慶応元年（一八六五）紀州徳川家に招かれ、同家の系譜編纂事業に携わった鈴木眞年《まとし》より靖国神社に寄贈されたものだという。鈴木はそうした仕事を通じて、「背旗」の写を入手したのだろうか。

平山が賛を添えた旗指物の写は、ほかに久能山東照宮や国立歴史民俗博物館にも伝わっており、同様に下部に賛がある。東照宮本は、天保十四年（一八四三）に藤原龍善なる人物が写したものである。これも平山の賛がある原図（もしくはその写）を龍善が転写したのであろう。国立歴史民俗博物館本にも文化元年の年記があるものの、描いた人物の情報はない。贊の末尾に「鉄杖老師の需」により再書したとあるので、この年複数の写に贊を寄せた（うち一枚は「鉄杖老師」の依頼による）のだろうか。

平山は、後年ふたたび贊の筆を執った。文政九年（一八二六）五月である。文化元年の贊文の末尾に「堤賢兄の需に応じて」再書したとくわえている。『南紀徳川史』の「落合道次伝中に、この文政九年の贊が引用されている。長州人某が秘蔵する図を旧紀州藩士佐々木広明が謄写《とうしゃ》したものだという。同様に文政九年の贊が下部にある写一幅は、新城市設楽原歴史資料館も所蔵しており、こちらには華族内藤家所蔵のものを写したという識語がある。

『南紀徳川史』には、「竪五尺一寸　横四尺五寸」とある旗指物の写が収められている。図柄は紀州落合家の「下絵」に近く、縦横の寸法記載はまったく同じである。「下絵」から写されたのかもしれない（この点は終章にて再説する）。

なお『南紀徳川史』には、平山が幕府旗本とおぼしき榊原権之助（源子礼）に贈ったという書状も引用されており、そこで彼は写の概要図（贊は下部にある）を載せ、贊文の添削を請うている。

その他、平山の贊がある写については、幕末の幕臣広瀬六左衛門が、彼の雑記のなかに「平山子龍贊　鳥居強右衛門勝高像一幅　松岡古道所蔵也」と記していることを森銑三が紹介している（「広瀬六左衛門」）。また、明治に入ってから、歴史学者・萩野《はぎの》由之《よしゆき》（一八六〇—一九二四）も目にし、「落合左平次ノ背旗」という一文を書いた（『如蘭社話』十六）。萩野は、水戸出身の歴史学者・栗田寛（一八三五—九九）の所で写を見たといい、文化元年の賛文を全文引用している。この賛文にも「鉄杖先師《ママ》の需に応じて」の文言がある。

萩野は、自分の見た絵は、渡辺崋山（一七九三—一八四一）による模写をさらに「複写」したものだったと書いている。この説の真偽は定かではないけれども、年齢的に崋山は兵原よりもだいぶあとの人物であるから、少なくとも崋山の模写は原図ではなかろう。

平山が活躍したのは、外国船の来航などにより内憂外患のきざしが見えてきた時代である。そのなか「兵法武芸を修練するのは国家の有事に役立てんためであるとの信念を懐いている」（石岡前掲書）、「どうしても泰平の世の人ではない」（森前掲書）という平山によって強右衛門の行動が賞賛され、紀州落合家の図像が複製され出したのも、その時代相ゆえであったと考えられようか。

強右衛門像の流布

平山の賛のある写にあたるかわからないものの、水戸藩士小宮山楓軒（一七六四—一八四

○）も、その著『楓軒偶記』（国立国会図書館所蔵・『日本随筆大成』十九）のなかにその図を写している。楓軒が写した原図は不明であり、図の下部には「紀伊家臣落合左平次背旗」の題と、「左平次始め武田家に仕え、その目撃する所に感じ、図して以て背旗となす」の識語がある。やはり道次が目撃したことになっている。

図柄は『南紀徳川史』所収の図と同様、紀州落合家の「下絵」によく似ており、「下絵」からさほど転写を経ていない写かと思われる。

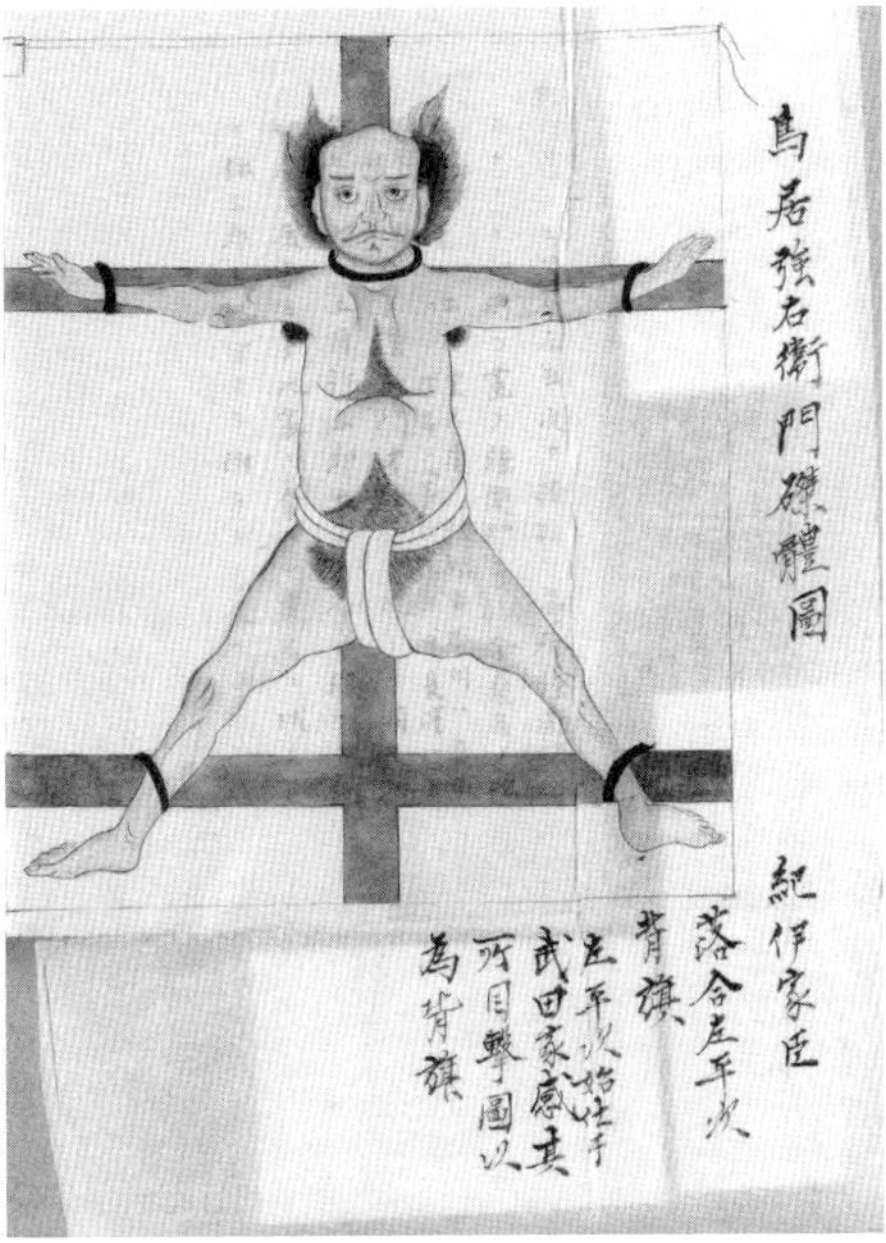

『楓軒偶記』より「紀伊家臣落合左平次背旗」（国立国会図書館蔵）

この他、平山の賛がなく、別の人物による賛を添えた写が、中津城と長篠城址史跡保存館に一幅ずつ所蔵されている。中津城本には丁巳《ていし》（安政四年＝一八五七か）の年記と備中松山藩（板倉家）士脇田草石（基）の賛、および戊午《ぼご》（翌安政五年か）の年記と橋大郷（未詳）の賛がある。長篠城址史跡保存館本は竹本稙山・烟巖山人の賛と、梅園なる人物が模写したことを示す署名・落款があるのみで、いつ描かれたのかはわからない。このうち中津城本は『楓軒偶記』所収の図と同様「下絵」に近い図柄である。

以上、紹介してきた現在に伝わる「背旗」の写は、すべて着色されており、身体は朱（肌色に近いものもあり）で下帯は白である。前述のように「下絵」に似ているものもあれば、それから離れてしまって、人物がやや太めに描かれているものもある。

共通するのは、すべて旗指物の体裁そのままを描いていることである。すなわち左辺に縦の袋乳が、上辺に横の袋乳が、左上隅・左下隅・右上隅には隅韋と紐が描かれている。中津城本と設楽原歴史資料館本では旗竿まで描かれている。この体裁は、第七章で「背旗」の〝正逆論〟を論じるときの有力な参考資料となるだろう。

前章の最後でも触れた日向飫肥藩の儒者安井息軒の『息軒遺稿』では、豊前中津の人・瀬川剛司から、強右衛門を描いた一幅を見せられたことを記していた。瀬川の友人神子美なる人物が、落合氏に請うて副本を作ることを許されたのがそれであり、瀬川は袖中からその一幅を取り出したという。このできごとが江戸時代の頃のことなのか、明治維新以降のことなのかはわからず、息軒が見せられた図柄も明らかではない。

ただ、この話からわかるのは、強右衛門の主家であった奥平家が治めていた中津でもこのような図を持つ人がいたことであり、さかのぼれば紀州落合家が写をつくることを許したということである。また、袂《たもと》に入るような携帯できる小型の掛幅に仕立てられていたということも、流布のあり方を考えるうえで興味深い。

これらの「背旗」の写はたまたま管見に触れたものであり、ほかにも伝来しているのかもしれない。これらの写によって、『甫庵信長記』以降、文章のなかで知られるだけであった〝磔にされた鳥居強右衛門〟の姿は、「背旗」に由来する迫力ある図像をともなって、紀州落合家の外に出、紀州家中のみならず、十九世紀以降の武家社会において少しずつ浸透していった。文章と図像双方による鳥居強右衛門像の流布は、近代以降の強右衛門像へとつながってゆくことになる。

江戸時代における旗指物の制作と強右衛門像の流布を追いかけることに夢中になるあまり、本章冒頭で述べた疑問のうち、「背旗」が紀州落合家の外に出てしまった理由のほうがおろそかになってしまった。この問題は、「背旗」修理の過程を述べる第七章であらためて取りあげることにしたい。

第六章　指物としての「背旗」

「背旗」は背中に付けたのか？

第四章における考察の結果、「背旗」こと「落合左平次道次背旗」をいったん「落合左平次指物」と呼ぶべきと提唱した。もっとも、史料編纂所では近年「落合左平次道次背旗」の名前で収蔵している。だから、これを紹介したときなど、「『背旗』というからには、本当にこれを背中に括りつけて戦場に出ていたのですか」という質問を向けられたものであった。

実はわたし自身も同様の疑いを拭えずにいたことを告白しなければならない。等身大に近い人物を描いた大きな旗を背中に指して生死を賭けたいくさ場を駆け回ることが、自分の身体感覚としても受け入れがたかったのだ。心のなかでは「そうですよねえ」とうなずきながらも、そうつぶやくだけでは質問に答えたことにはならない。

実は心中ひたすらたじろぎ、焦っている。しかしその動揺を顔に出さないよう気をつけながら、「『背旗』というからには、括りつけていたのかもしれませんね。あんな大きな物が背中にあって大変ですよね」のような、当たり障りのない、判断を質問者に預けるような、お茶を濁した返事しかできないでいたのである。

今後そうした質問を投げかけられたとき、自信をもって答えられるようになりたい。せっかくの機会なので、本章ではまず、「背旗」そのものからはいったん離れ、旗指物一般について概観し、そのあと「背旗」は本当に〝背（中に括りつける）旗〟だったのかどうかを考えてみることにする。

旗指物のつくり

現在わたしたちの普段の生活のなかで身の回りにある旗を思い出したとき、頭に浮かぶのは、飲食店やコンビニエンスストアの店頭、駐車場の入口などになびく幟《のぼり》（のぼり旗）であろうか。道路からよく見える位置にそれらは設置され、コンビニエンスストアの場合は売り出し中の商品やサービスなどが目につくように染めこまれている。つまりは宣伝（効果的な情報伝達）が目的である。

　これらの旗のかたちやつくりを観察すると、たいていかたちは縦に細長く、縦辺と

輪状の乳を持つ現代の旗（著者撮影）

袋乳を持つ現代の旗（著者撮影）

上辺に竿が組まれ、旗本体にいくつか幅の狭い輪が縫い留められて、それぞれの輪のなかに竿を通して括りつける構造になっている。旗本体を竿に括りつける輪は乳《ち》と呼ばれている。

その他、縦辺と上辺が袋状に縫われ、そのなかに竿を通すかたちの旗もある。この場合、竿を通す部分は「袋乳」と呼ばれている。身の回りに見かける旗を観察すると、輪状の乳にて竿に括りつけられる旗が多いが、袋乳を有する型もないわけではない。

戦国時代から江戸時代初期に用いられたとされる旗指物の現物を見ると、大きさやかたちはともかく、竿に括りつける部分の基本構造はほとんど変わっていない。たとえば、十六世紀後半の真田家当主真田昌幸の父幸綱所用と伝えられる「茜染《あかねぞめ》の旗」が真田家に伝わっている（真田宝物館所蔵）。また、彦根藩井伊家の初代井伊直政が関ヶ原の戦いのおり本陣で用いたという旗がある（彦根城博物館所蔵）。いずれも輪状の乳が向かって左辺と上辺に付いている。

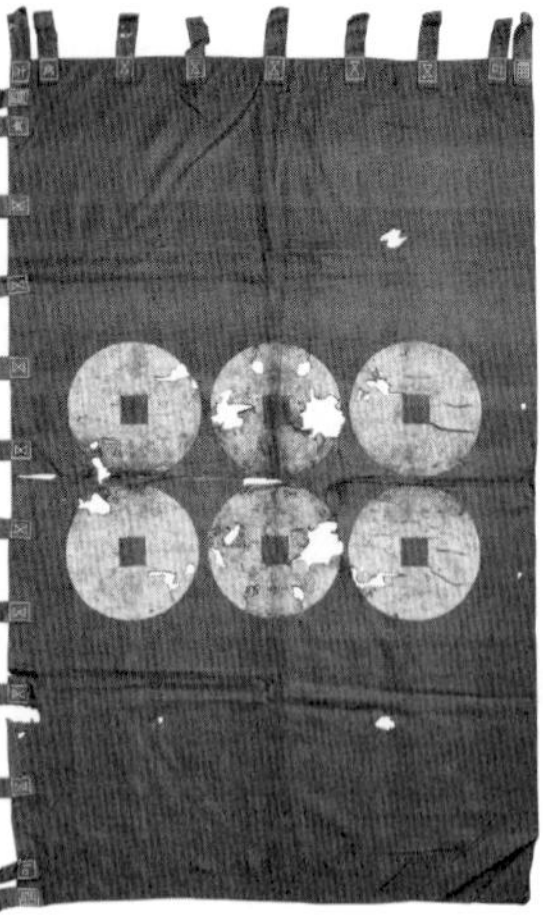
茜染の旗（真田宝物館蔵）

対する「背旗」はどうであろうか。

初代のもの（つまり「背旗」）は掛幅装にあたり裁断され、乳の痕跡はほとんど残さ

無綾地の旗（真田宝物館蔵）

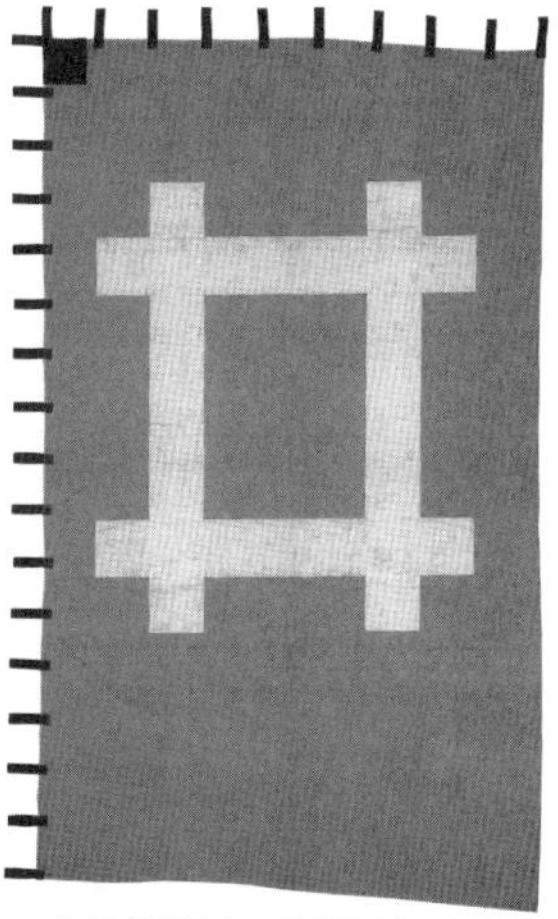
朱地井桁紋金箔押馬印（彦根城博物館蔵　画像提供：彦根城博物館／DNPartcom）

れていないけれども、第五章で紹介したように、落合家の代々が制作した旗指物を見ると、縦辺と上辺全体が袋状に縫われ、そのなかに竿を通す格好となっている。この形態はおそらく初代のつくりが踏襲されているのだろう。わずかに残る「背旗」の乳部分や、第五章で紹介した後代の写（模本）を見るかぎり、これもまた袋乳を有していたと言ってよい。

　真田宝物館には、右に紹介した茜染の旗以外に、真田幸綱所用の旗がもう一流伝わっている。武田家から使用が許された「無《む》綾地《りょうじ》の旗」という。写真を見るかぎり、こちらは袋乳になっている。このように、「背旗」以外にも袋乳を有する同時代の旗指物が現存しているから、「背旗」が制作

『大坂夏の陣図屏風』に見える輪状の乳の旗指物（大阪城天守閣蔵）竿に白く点々と描かれているのが輪状の乳だろうか。

『大坂夏の陣図屏風』に見える袋乳の旗指物（大阪城天守閣蔵）こちらは竿に点々と乳が描かれていない。

された時代（戦国時代から江戸時代初期頃）は、大別して右に見たような二種類の方式で竿を通す旗指物が使われていたと推測される。

この時代のいくさをほぼ同時代に描いたとされる合戦図屛風（大阪城天守閣所蔵『大坂夏の陣図屛風』）を観察しても、実際にこの二種類の旗指物を確認することができる。いずれかが先に成立し、残るいっぽうが後から出現したといった時間的関係でとらえられるものではないようだ。

輪状の乳と袋乳、身分や機能・用途に応じてつくり分けられていたのかどうかもはっきりしない。当時の伝来品や合戦図屛風の図像を見るかぎり、両者のあいだのちがいを見いだせずにいる。

旗指物の発生論

いくさ場において武士が身につける旗指物は、いったいどのようにして出現したのだろうか。

民俗学者の折口信夫《おりくちしのぶ》は、旗の起源は神を招ぎ下《お》ろすための幣束《へいそく》にあると指摘している（「幣束から旗さし物へ」）。いくさを指揮する将は、状況を判断して作戦を立て軍勢を動かすだけがその役割ではない。「どこの国でも、大将軍はかならず、神を招ぎよせ、その心を問うことのできた人であろう」と折口は述べる。

その例としてあげられているのは、日本武尊《やまとたけるのみこと》（倭建命）である。彼がいくさに携行する矛は神祭の幡桙《はたほこ》であった。「この桙は人を斬るものでなく、地に樹てて、神を祈る物なることはわかる」。「桙をもって戦に出るのは、随時に随所に衝き立てて、神意を問うことができる、ということなのである」。

折口は戦場の旗指物の起源をここに見た。いくさは「神事に交渉の深い」ものであり、そのさいに携行された神の依代《よりしろ》としての幣束＝旗が、のちに旗指物へと変化していったというのである。

もちろん折口は、戦国時代の旗指物がなお神事と関わりの深いものでありつづけたと言っているわけではない。時代の推移により、その性格も変容していった。「秀吉の在世のころから、旗さし物類の発達は目ざましいものであった。諸士皆競うて、さし物に意匠を凝して、注目を惹くことに努めた」として、『長久手合戦図屏風』を例にあげている。

どちらかというと、戦国時代における旗指物は、いくさ場のなかで「注目を惹く」（目立つ）ことを主眼においてこしらえられたのである。

目立つ指物

もっとも、折口が旗指物の変遷を論じるさいに引きあいに出した『長久手合戦図屏風』は、やや特異である。

『長久手合戦図屏風』は、天正十二年（一五八四）に尾張の長久手周辺において徳川家康と羽柴秀吉の軍勢が戦った長久手の戦いを描いた屏風絵である。現在その祖型と考えられているのは、尾張藩付家老・犬山城主成瀬家が制作し伝わったものである（犬山城白帝文庫所蔵）。描かれたのは江戸時代前期の十七世紀後半頃と推測されている。

この成瀬家の『長久手合戦図屏風』を観察すると、描かれている武士の多くはたしかに旗指物を背負っているのだが、それ以上に目をひくのは、旗ではなく、多種多様な物を背負った武士たちである。旗ではないので、より広い呼称としての指物とすべきだろうか。

羽根や吹き流し・矢車のような飾り物、団子や分銅《ふんどう》をかたどった紋様、扇・団扇・笠など身につける物、刺叉《さすまた》や鑓先など、それ自体が使えそうな武具、笏《しやく》・高札《こうさつ》・将棋の駒・羽子板などをかたどった板状の物、折口のいう幣束や、梵鐘や錫杖《しやくじよう》などの神具・仏具、蜻蛉《とんぼ》・千鳥・鯱《しやちほこ》・百足《むかで》といった魚鳥昆虫のたぐい、俵・提灯・髭籠《ひげこ》・杵《きね》・手桶のような身近にある

(a) 逆瓢箪と扇

(b) 俵？

(c) 将棋の駒

(d) 羽根と羽子板

(e) 提灯と鯱

(f) 制札

(g) 大根

(h) 十字に縄

『長久手合戦図屏風』に見える指物（犬山城白帝文庫蔵）

実用的な物、さらには、木を十字に組み、そこに縄を巻きつけた意味不明な物など、『長久手合戦図屏風』はあたかも指物の百科図鑑のような様相を呈している。

屏風絵中に貼札で名前が示されている武将の場合、実際に描かれているような指物を用いていたのかどうかは、それぞれの人物に即して検討する必要はあろう。

このなかでたとえば、手桶の指物を背にさしている渡辺守綱については、「このゝち仰により て、手桶のかたちを染いだしたる指物をもちふ」（『寛政重修諸家譜』）という系図の記事と合致することが指摘されている。ただ、右の記事に見える指物とは、「染いだした」とあるので、手桶を図案化した旗だと思われるし、許された時期も長久手の戦いよりはずっと後のようである。

『長久手合戦図屏風』より「渡辺守綱の桶の指物」（犬山城白帝文庫蔵）

渡辺守綱が、長久手のいくさ場で物としての手桶を指物にして駆け回っていたのかは定かではないが、こうした諸家の伝承が絵を描くさいに参考とされたのだろう。

それはともかく、多種多様な指物（旗・物）は、他者と明らかに異なり、付けている本人が特定できるような、凝った独自の意匠により、いくさ場で目立つようにこしらえられたのであった。折口が指摘したとおりである。

長篠の戦いにおける指物

実際に長篠の戦いにおいても、目立つ指物を用いたがゆえに論功行賞につながったような逸話が伝えられている。

合戦前日にあたる五月二十日、武田勝頼率いる軍勢がそれまで包囲していた長篠城から、川を渡って西の有海原《あるみはら》まで兵を進め、信長・家康の陣と対峙した。これを好機と判断した信長はその日の夜、家康の老臣酒井忠次を大将とする四千の兵を派遣することを決めた。そして忠次に対して、長篠城を包囲するため武田軍が拠っていた付城のひとつ鳶巣砦を背後から襲うように指示し、武田軍を挟撃しようという作戦を立てた。これが長篠の戦い大勝利の一因となったのである。

鳶巣砦を攻撃した兵のなかに、戸田半平重元という三河武士がいた。彼はこのとき鑓にて手柄を立てたという。系図によれば、「織田信長これを見て大権現に謂ていはく、いまよりのち戸田をあらためて鑓半平と称したまへとなり」（『寛永諸家系図伝』）と、信長から賞され、名乗りをあたえられたとされている。

重元の武功がなぜ目をひいたのか。『三河物語』にその事情が記されている。

　其時松平紀伊守・同天野西次郎・同戸田之半平、其外之衆、おゝく鑓が合、世《せ》ぜうにては、戸田之半平が鑓之事をさたしたるは、半平はさし物をさしたるゆへ成《なり》。天野西次郎は半平寄《より》先なれ共、さし物をさゝざるづつぼうむしやなれば、せぢやうにては半平程はさたはなけ共《ども》、半平寄《より》西次郎がゞ《（ママ）》さき成。

　このとき重元とともに何人かの武士もまた武功をあげた。とりわけ天野西次郎は重元より先んじて手柄を立てたという。しかし彼は指物を指していない「筒袍《つつっぽう》武者」（袂のない筒袖という簡略な衣服を身につけた軽装の武士という意味か）だったため目立たず、逆に指物を指していた重元のほうが目立ち、その働きが賞されたというのである。

『三河物語』では、重元が指していた指物が何であるか記されていない。第三章でも触れた武士の逸話集『常山紀談』（巻四「酒井忠次鳵巣《とびのす》城を乗取れし事」）になると、天野惣次郎は夜討ということもあって指物を指さずに出陣したのに対し、重元は「道遠し夜あくる事もあらん」と、「銀の髑髏《されかうべ》のさし物」を指していったとある。これが砦を焼いた火に反射して、見る者を驚かせた。

月岡芳年『月百姿』のうち「鳶巣山暁月」(太田記念美術館蔵)

江戸幕末から明治にかけて活躍した浮世絵師月岡芳年《よしとし》が、明治十八年(一八八五)から同二十三年にかけて刊行した連作『月百姿』のなかに、「鳶巣山暁月」と題して重元の姿を描いている。おそらく『常山紀談』の挿話が原拠になっているのだろう。髑髏の指物を指し鳶巣砦を見下ろす重元の立ち姿は凛々しく、字句のとおり〝絵になる〟姿である。

『三河物語』における長篠の戦いのくだりでは、もうひとつ、指物にまつわる話が記されている。武田軍と織田・徳川軍が激突した主戦場有海原において、徳川軍のなかでとくに抜群の働きを見せたのが、大久保忠世《ただよ》・忠佐《ただすけ》兄弟であった。

ふたりは敵勢に突入し、敵がかかってきたら引き、敵が退けばまた駆け入るという動きにより、敵勢を翻弄した。ふたりの指物は、金の揚羽蝶と「あさぎ」の黒餅《こくもち》であった。彼らが自在に動き回る様子を見ていた信長は、この指物を指す侍たちが敵なのか味方なのか不審に思い、見定めるため使者を派遣する。使者が家康に問い合わせたところ、徳川譜代の臣大久保兄弟であることがわかった。

その報告を受け信長は、「さても家康はよき者をもたれたり。我はかれらほどの者おばもたぬぞ。此者共はよきかうやく（膏薬）にて有り。敵にへつたりと付て、はなれぬ」と兄弟を賞賛したという。うまい洒落を言うものである。

『長篠合戦図屏風』の大久保兄弟（犬山城白帝文庫蔵）
上が忠世、下が忠佐。

ちなみに『長篠合戦図屏風』では、大久保兄弟はどう描かれているだろう。兄忠世は『三河物語』に語られているものを思わせる金の羽根のような指物を付け、弟忠佐は金色の円形の指物を指している。前者が揚羽蝶の羽根ということだろうか。いっぽうの黒餅は、そういうからには色は黒のはずだが、『三河物語』では「あさぎ」とし、屏風では金になっている。

先の戸田重元といい、次の大久保兄弟といい、典拠は先にも触れた『三河物語』である。後年成立した史書であり、しかも大久保兄弟は『三河物語』の著者大久保忠教の実兄たちにあたる。どの程度の真実が反映されているのかわからないものの、目立つ指物が手柄をたぐり寄せるきっかけになるという考え方が武士のなかにあったことはたしかであろう。

こうした社会のなかで、「背旗」はつくられたのであった。

軍旗としての「背旗」

「背旗」そのものを離れ、戦国時代の旗・旗指物・指物について見てきた。ここで、本章冒頭で触れた疑問に戻ろう。「背旗」は本当に背に括りつけられたものと考えてよいのかどうか。

ただし、この疑問に答えを出すためには、もうひとつ考えておかなければならないことがある。指物というより、戦国時代における軍旗そのものについての理解である。

軍事史研究者の藤本正行は、戦国時代北条氏が発給した著到書出《ちゃくとうかきだし》と呼ばれる、家臣たちが負担すべき兵の人数や武具などを指示した文書を素材に、そこに登場する兵の武装について検討している（「戦国期武装要語解」）。

北条氏の著到書出では、その家臣の編成中に旗持が含まれる場合、諸兵種の冒頭に記されることが原則であると藤本は指摘する。「旗持の旗は集団全体の標識だから」である。これらはおおむね「小旗」と呼ばれているが、「小」とは寸法の大小を示す字句ではない。戦国時代集団の標識となる旗の定型は「大型で縦長のもの」になっており、北条氏ではこれを小旗と呼んでいた。

旗の大きさについて藤本も言及しているが、藤本の研究をふまえ、軍旗に焦点を絞ってその特徴を論じた菅原正子の研究（「旗・小旗・指物」）により見てゆこう。

菅原があげた天正十三年（一五八五）の北条氏の著到書出に、「大小籏」の寸法は縦一丈四尺八寸（史料によっては一丈五尺）とある。現在の一丈の長さを当てはめてみると、一丈四尺八寸は約四百四十八センチとなる。別の文書には横二尺とあり、約六十センチである。ただしこれはあくまで集団の標識となる旗であり、それぞれの兵が具足の背に括りつける旗指物は別に規定されている。

それらは、縦六尺五寸、横四尺二寸とされているという。縦約百九十七センチ、横約百二十七センチである。これらは「四方」と呼ばれ、馬上の武者はこれを指すことが義務づけられた。いっぽう歩立《かちだち》の弓兵・鉄砲兵の場合、長さ一丈二尺（約三百六十四センチ）の指物が定められていた。

『長久手合戦図屏風』に見える井伊家の旗（犬山城白帝文庫蔵）

第五章で見たように、落合家に伝わってきた旗指物の「下絵」には、旗の寸法が縦五尺一寸（約百五十四・五センチ）、横四尺五寸（約百三十六・四センチ）と書きこまれていた。実際に残る「背旗」は裁断され、ひと回り小さくなっている（縦百四十五・二センチ、横百三十三・一センチ）が、北条氏の旗指物規定とくらべると、縦が短くて横がやや長く、より正方形に近いかたちになっている。

本章で先に紹介した、真田家の「茜染の旗」は縦百三十センチ、横八十五センチ、「無綾地の旗」は縦百七十三・六センチ、横百五十二センチであり、「無綾地の旗」のほうが北条氏の規定や「背旗」にほぼ近い大きさである。いっぽう井伊家の旗は縦二百七十六センチ、横百六十センチと大きく、北条氏の「小旗」にはおよばないものの、『長久手合戦図屏風』に登場するように、戦闘要員ではない旗持が指す大きさであったと考えられる。集団の標識的な旗だったのではあるまいか。

以上のように、「背旗」は、戦国時代の史料に登場する背中に指す指物の規定と遜色のない大きさであることがたしかめられた。実際に落合左平次が背に括りつけていくさ場にあったとみなしてもおかしくないのである。

戦国時代における旗指物の大きさ

このように軍旗をめぐる研究を参照してもなお、あの大きさの旗を背に括りつけ馬にまたがり、いくさ場を駆けめぐることの現実味に首をひねる方がいるかもしれない。実はかく言うわたしもその疑り深い一人なのである。自分自身を納得させるためにも、旗指物に触れた史料をもう少し見てみたい。

合戦図屛風のなかに、「最上《もがみ》屛風」と俗称される一群の作品がある。

大坂夏の陣を描いたとされ、このとき江戸城の留守居を命ぜられた出羽山形城主最上家親に対し、家康が合戦の様子を描かせて贈ったとも、夏の陣に参陣した家臣が主君家親に献じたともされ、原本が最上家に伝わっていたことからそう呼ばれている。原本は火災で失われたが、全国にこの模本が多数伝わっている（『戦国合戦絵屛風集成』第四巻）。

肥前平戸藩松浦家にも、この最上屛風の模本が伝わっている（松浦史料博物館所蔵『大坂夏陣合戦之図』）。江戸時代後期の平戸藩主松浦清（一七六〇―一八四一）は、静山《せいざん》の号で知られ、

「最上屏風」の「大なる」旗（東京大学史料編纂所所蔵模本）
最上屏風には大ぶりの背旗を指す武士がこの他にも何人か確認される。

随筆『甲子夜話《かっしやわ》』で著名な文化人大名であるが、松浦家が所蔵する史料についてみずから解説を付した目録『楽歳《らくさい》堂蔵書目録』のなかで、この最上屏風に関して次のように述べている（句読点金子）。

此《この》図実ニ其時ヲ観《みる》ニ足レリ。軽卒ノ多ク甲冑ヲ着ズ、裸体ノ者アリ。盛暑ニ当リテマコトニ可然《しかるべき》コト也。又被創《きずをこうむり》タルヲ、人負之《これをおい》テ行ク形、背旗ノコトニ大ナル有様《ありさま》ナト、皆目撃シテ画《かき》タルコト可知《しるべし》。

「背旗のことに大なる有様」を見ると、いくさを目撃した人が描いたにちがいない、と静山は推測する。

目録によれば、静山はこの絵の模本を常に座右に置いて愛蔵していたという。文化三年

（一八〇六）の火災のおり慌ててしまい持ち出すことができずに焼失してしまったため、求めて新たに模本を作らせたというほど、この絵に愛着を持っていた。飽かずに眺め、その時代の合戦風俗に思いを馳せていたのだろうか。

もちろん、静山は戦国時代から二百年ほど隔たった後の世の人間である。ただ、おなじ武家社会に生まれた身として、また旺盛な好奇心と該博な知識を持った教養人として、自身が生きているいくさのない時代の旗指物とくらべ、江戸初期のそれは大きかったという知識を持っていたのだろう。

第四・五章に登場した落合家の六代道広は、静山よりやや年長の同時代人だが、彼が制作した旗は、図柄こそ初代のそれを模しているものの、寸法は縦八十五・七センチ、横六十六・一センチと、だいぶ小柄になっていることもそれを裏づける。

「背旗」の制作目的と働き

さあ、これで堂々と「背旗」を「背中に括りつけていた（可能性が高い）旗です」と説明できるようになった。

ただし、ひとつ注意しておかなければならないことがある。「落合左平次道次背旗」という史料名が、その物が〝背（に括りつける）旗〟なのだという主張を支えていた。しかし、この旗指物を「背旗」と呼んだのは、写に賛を寄せた江戸時代後期の兵法家平山行蔵であったらしいことである。第五章で紹介したとおりである。

これによって、写されてきた強右衛門の旗指物が「背旗」として浸透した。そして明治に入って「背旗」が落合家を離れ、掛幅装にされ箱に収められたとき、浸透していた旗指物の呼び方が箱書として記され、その結果、史料名に採用されたのだと思われる。「背旗」と呼ばれているから〝背中に括りつける旗〟なのだと説明するのは禁物である。

磔にされ、身体が深紅に染まった人間を描いた旗指物を背に括りつけた武士の姿は、いくさ場でもさぞかし異彩を放ったにちがいない。別の言い方をすれば、異様である。目立つという旗指物の重要な働きを考えたとき、これ以上効果的な図柄はないだろう。

とはいえ、残された合戦図屏風を見てみると、描かれた旗指物は縞や円のような幾何学的な意匠や、家紋に通じる紋様があしらわれたものがほとんどであり、人間を描いたような旗はまったくといっていいほど見受けられない。「背旗」に通じるものとしては、『姉川合戦図屏風』（福井県立歴史博物館所蔵）に登場する鍾馗《しようき》を描いた旗がわずかにあげられる程度である（その他、十九世紀成立とされる岐阜市歴史博物館所蔵『関ヶ原合戦図屏風』中の本多忠勝隊にも似たような旗が確認される）。

『姉川合戦図屏風』に見える鍾馗の旗（福井県立歴史博物館蔵）

鍾馗とは、中国において疫病神を追い払い魔を除くとされた神である。こうした旗を見ていると、折口が指摘した神事と旗指物の関係を思わずにはいられない。鍾馗の旗も「背旗」同様白地に朱で人物が描かれ、旗そのものも誇張かと見紛うほど大きい。

そう考えれば、落合左平次道久が制作した「背旗」もまた、鳥居強右衛門を描くことによってそこに彼の霊を招き下ろし、いくさの守りにしようとした、と言えなくもない。第七章で触れる黒田日出男の論考では、仁王や不動が引きあいに出されているが、そのように、呪符に通じる迫力ある姿で、敵兵を威嚇する意図がこめられていたのではないかと推測するのは穿《うが》ちすぎだろうか。

旗という道具は、古い時代から現代に至るまで、そのかたちと用途をほとんど変えずに人間に重宝されている。見ばえ（つくられ方）や機能が、少なくとも四百年、ややもすればさらにそれ以上の年月にわたり、ほとんど変わっていない。これは驚くべきことなのではあるまいか。

さすがに現在では、旗を用いての行動様式の点、つまり旗を背中に指して走り回っている人はいないだろう、と書こうとして、そうでもないことに気づいた。二輪車に乗って暴れ走っている集団に、旗を指した方々がいたかもしれない。さしずめ単車は馬なのか。

またある日、勤め先の敷地を歩いていたら、自転車の後部に縦長の旗を取りつけた男性が脇を走り抜けていった。何者かと不審に思ってよく見たら、献血を呼びかける旗であったようだ。あの行為も、この行為も、旗によって目立とう、注意を惹こうという戦国武将の精神を受け継いでいるのかもしれない。

第七章　よみがえる「落合左平次指物」

「逆さ磔」の衝撃

いまから十八年前の二〇〇〇年、鳥居強右衛門を描いた「背旗」の見方に衝撃をあたえる説が発表された。国立歴史民俗博物館の小島道裕が、この旗を〝逆さ磔〟の像だと提起したのである（「「落合左平次背旗」復元の顚末――上か下か」）。

これまで「背旗」は、普通に立った状態で磔にされた像として紹介され、掛幅としてもそう見せるように仕立てられていたので、もし小島の議論が正しいとするなら、そのまま掛幅として掛けにくくなってしまう。

小島は、「背旗」の複製を国立歴史民俗博物館にて制作するため、その旗としてのあり方、また描かれた図像の検討に着手し、まず、掛幅装にされた「背旗」が収められた箱の蓋に「落合左平次道次背旗　鳥居強右衛門逆磔之図」と書かれてあることに注目した。

この箱は、落合家から旧主家の（紀州）徳川家に献納されたときのものであるから（この点については後述する）「当時の正式な名称」であり、「逆磔之図」として伝えられてきたことになる。そうした伝承がある以上、正逆（上下）を見定めないかぎり、正確な複製を作ることができない。

小島が「背旗」の正逆を考えるために重要だとして設けた問いは、次の二点である。

①本来の旗指物として使われていた時の痕跡はないか

②絵として見たとき、どちらと考えるのが合理的か

①については、旗の向かって左上隅に白い部分があることに注目する。これは旗を竿に付けたさいにちぎれるのを防止するための補強（隅韋）の跡であり、通常旗の補強は上方の隅でなく、風にあおられれば一番引っ張られる下方の隅であるから、この白い部分は旗の下方にあたるとした。

また、左足の甲部分の布地に裂け目があり、これは形状から判断して頭のほうに引っ張られて湾曲し、三日月状に裂けたのではないかとする。要はやはり頭は下だったのでないかというわけである。

②については、髪の毛や脇毛・陰毛などの体毛が逆立っていること、磔の横木に縛られている腕が水平になっており（普通は身体の重みで腕は上向きになり身体はY字状になるはず）、しかも手先がぴんと上向きになっていること、黒目も上を向いた状態になっていること、逆さなので口を開けられずへの字にむすんだ状態になっていることなどから、この図像が「実

にリアリズムに徹した絵」だと評価する。

以上の①・②の検討により、旗は逆さ磔の強右衛門を描いたとし、国立歴史民俗博物館では、その見せ方の複製を作成したのである。

この小島の説をもとに、現代美術作家の村上隆は、みずから逆さ磔状態の強右衛門に扮した（辻惟雄・村上隆『熱闘！日本美術史』）。絵にとどまらず、生身の人間が演じることにより、見る者はさらに強烈な印象を持ったにちがいない。ウィキペディアの「鳥居強右衛門」項では、わざわざ逆さまにした「背旗」の画像を掲載しているほどである（ただし本文中の注では、これから紹介する反論にもとづき、逆さでないことに触れている）。

描かれた図像ですら異彩を放っているのに、くわえて逆さ磔という像の異様さゆえ、あらためて鳥居強右衛門のことが知られ、しかも強右衛門の磔像は、逆さ磔の状態での図像として一般的に理解されることが多くなったと思われる。小島の提起はそれほどに強い衝撃だったのである。

逆さ磔説への反論

小島の説が提起されてから約一年半後、その説に対する反論が、ふたりの研究者から相次いで発表された。絵画史料の研究者である黒田日出男と、軍事史研究者の藤本正行である。

黒田は、強右衛門が処刑されたことを伝える最も信頼できる史料は何か、また、この旗を制作し伝えてきた落合家でどのような認識であったのかを知ることが重要だと指摘する（「鳥居強右衛門はどう見えるか」）。

そのうえで、その史料にあたる『三河物語』では普通の磔であったと書かれていること、落合家の家譜などでも「磔指物」とあるだけで、逆さとは書かれていないことに注意する。また、逆さ磔の状態で長篠城内の味方の前に出され、武田氏から要請された内容を話すことの困難さも合わせて指摘し、小島の提起を否定した。そのうえで、「逆磔之図」と書いた箱書の危うさを指摘する。

いっぽう藤本は、旗の形状、絵画としての特色を検討することにより、黒田と同様、小島の説を批判した（「鳥居強右衛門の旗について」）。

旗の観察により、小島が「補強の跡」とした、向かって左上隅の部分を、やはり補強のための隅章が縫いつけられていた痕跡としたうえで、袋乳の痕跡が向かって左側に見られ、右側にはないことを指摘する。ここで、通常旗指物は向かって左側に竿が通されるという基本的なことがらを確認する。

また、第五章でも触れた久能山東照宮所蔵の写を引きあいに出し、これは普通に立った状態での磔姿であり、向かって左側と上辺に袋乳が描かれていること、左上隅に隅韋を表わすとみられる長方形が描かれていることから、実際に残る「背旗」の観察結果と矛盾がなく、実物の形状をよく伝えている写であるとし、逆さ磔説を否定した。

そのうえで藤本は、黒田が反証のひとつにあげた『三河物語』の信憑性にも疑問を呈している。

黒田は、逆さ磔の状態でものを言うことの困難性を批判の根拠のひとつとしたが、藤本は、そもそも磔の状態で味方の前に出されたのではなく、「勝頼の意向に反したことを言ったために磔にされた」のではないかとする。もっともこの点は、第三章で紹介した江戸時代の史料においても定まっていなかった。

また、小島が「背旗」検討の要点としてあげた「絵として見たとき、どちらと考えるのが合理的か」という点についても、そこに「戦場往来に使用する旗の図柄であるという視点」が欠落していることを指摘する。

小島が高く評価するように、この図像が現代的なリアリズムで彩色するなら全身赤く塗ることはありえず、いくさ場で目立たせるためにああした描き方が採用されたと論じている。

逆さ磔説の否定

さて、小島の逆さ磔説と、黒田・藤本のそれへの反論を紹介してきたが、本書がいずれの立場をとるかといえば、ここまでお読みいただいた方には説明不要であろう。結論としては、「背旗」の図像は逆さ磔ではありえない。基本的には、藤本の反論に尽きていると言える。

黒田があげた論拠については、『三河物語』の信頼性に疑義を呈した藤本も慎重に注意しているように、有効な反証とはなっていない。

もうひとつの論拠である落合家の家譜も同様で、第四章にて触れたように、同家では江戸時代のある段階で家伝の文書などを焼失させてしまい、先祖の事跡や旗指物の由来がわからなくなっていた。そこで江戸時代後期の当主六代道広が旗指物を制作したさい、あらためて軍学者などの知識をもとに、「背旗」の由来が再生されたのであった。

もちろん家譜の有効性について議論できるようになったのは、黒田の見解が出されたあとにおこなってきた調査によってである。こうした調査の進展により、黒田・藤本の反論をさらに補強できる点を述べておこう。

ひとつは、第五章で紹介した、初代左平次（道久）が制作した「背旗」のあと、二代道清

和歌山県博覧会展示の「背旗」（『東京国立博物館所蔵幕末明治期写真資料目録1　図版篇』より。同267号。東京国立博物館蔵　Image:TNM Image Archives）

以降が制作した旗指物の原本である。これらはすべて普通に立った状態の磔姿で旗指物になっている。初代の旗指物をできるかぎり忠実に再現しようとした六代道広のそれひとつを示せば、そのことはじゅうぶん理解されるであろう。藤本が指摘した写がその姿で写しとられていたのは、当然なのである。

いまひとつは、落合家の旗指物調査とは直接は無関係だが、落合家から紀州徳川家に献上される以前に撮影された古写真の存在である。

明治五年（一八七二）に開催された和歌山県博覧会に「背旗」が出品されたとき、撮影された写真が残されていた。それを見ると、まだ掛幅装になっていない。つまり旗指物そのもののの状態であったことがわかる。

写真は展示の様子を撮影したと思われるから、この状態が通常であると展示主催者が判断してそうしたことになる。その判断の背後には、所蔵者落合家の意向（同家でどのように見なしていたか）も反映されていたであろう。旗の向かって左端や上端に注目すると、余白のような部分が確認される。これが（袋）乳であり、この部分が掛幅装のとき裁断されたのであろう。

以上、「背旗」は逆さ磔でなく、普通に立った状態の図として描かれていたことを確認した。

逆さ磔伝承の不思議

追い打ちをかけるようで恐縮だが、もう一点付けくわえておこう。小島が逆さ磔説を提起したときに図像の印象として示したリアリズムというとらえ方は、藤本によって、いくさ場での効用という面から否定されている。

本書でも、第五章で落合家各代の旗指物の描かれ方を整理したとき、口の開閉、乳首の描き方、さらに下帯の色によって、次第に真実らしさ（リアリズム）を増そうとする方向での改変がくわわり、（またこれはあくまでわたしの印象だが）それが逆に迫力を弱めてしまっているいることを述べた。やはり「背旗」の図像は、真実らしさからは対極の位置にあると思われる。

ただし、この議論の応酬の過程で、旗指物の歴史史料としての位置づけや、図像の読み取り方について、専門家の重要な指摘があったことは書きとめておくべきだろう。

藤本は、この旗が「抑揚のある筆遣いで力強く描いたこと」で「強烈な効果」を生み出したが、こうした強右衛門の姿を旗としたことは、制作者落合左平次の「決死の覚悟を標榜するとともに、その実行を自らに課する」こととなり、すぐれて実用を目的とした絵画であるとともに、戦国武士の精神構造を伝える史料として貴重だと指摘する。

また黒田は、その図像から「仁王や不動の姿とのダブルイメージ」を直感し、そこに弁慶の姿もくわえている。前章で紹介した折口信夫の旗指物の性格論を重ね合わせれば、戦国時代から江戸時代初期頃に成立した「背旗」は、いくさ場で強い印象をあたえる武具の伝存例として、重要な史料であることが浮き彫りになった。

黒田による批判の直後、小島は一度反論を発表したものの、その後わたしたちによる落合家の旗指物調査の結果を受け、最終的に自説を撤回したうえで、いくつかの論点を提示した。

ひとつは、旗としては頭が上であったとしても、絵としては逆さ磔を描いたものであったのではないかということ、いまひとつは、箱書に「逆磔之図」と書かれていたことの意味である（「再び「落合佐《ママ》平次背旗」の復元について」「「落合左平次道次背旗」に描かれた磔刑像の向きについて」）。

最初の指摘については、一般的に旗を制作するときの状況を想像してみたい。まず図柄を決め、それは最終的にできあがったかたちを見越して描かれると思われるから、絵として逆さ磔を描きながら、旗にするときにわざわざ逆（普通に立った姿）にするということは、まずもって考えられないのではあるまいか。

ふたつめの指摘については、たしかに一考の余地がある。普通に立った状態の磔で描かれている旗であることを承知のうえで掛幅装にされ、それを収めるためにこしらえられた箱に、なぜ「逆磔」と書かれたのか。

実は、先ほど掲げた和歌山県博覧会の古写真に目を凝らしてみると、「背旗」の向かって右側に貼付されている紙片に、「鳥居強右衛《ママ》逆磔図指物」と書かれているように見える。姿としては逆さまではないのに、旗の名称がこの時点ですでに「逆磔」と紹介されているのである。

明治二十から三十年代に成立した『南紀徳川史』（四十二・名臣伝三）では、「落合左平次の指物は鳥井《ママ》強右衛門か逆磔の図たることは御家に於てのみ有名にあらす他藩士伝称する所既に安井仲平記事の如し」とあって、逆磔が「御家（紀州徳川家家中）」において有名だとまで書いている。安井仲平とは、第四章で言及した安井息軒のことだが、彼が旗指物に言及した『息軒遺稿』には、逆さ磔とは書かれていない。

これは図像に関する発言ではないが、第三章で紹介した井口木犀の著書『鳥居強右衛門』（昭和十八年刊）にも、「一説には極刑逆さ磔に処したと云ふ」と書かれている。ところがそこで見たように、江戸時代に成立した各種史料には、逆さ磔という表現は一切出ていないのである。

いったいいつ頃、どこから、どのような意識を背景にして、強右衛門が逆さ磔に処されたという言説が生まれたのであろうか。また、落合家の指物を逆さ磔の像だとみなす認識が出てきたのだろうか。小島の指摘するとおり、歴史認識の問題としてその理由を考えることもまた、強右衛門伝説をめぐる論点となりうる。しかしここでは、これ以上この問題に深入りせず、先に進みたい。

落合家から紀州徳川家へ

以下、「背旗」の修理とそれによってわかったことを述べてゆきたいが、そもそも落合家の旗指物のうち、なぜ初代の「背旗」が同家を離れ、現在史料編纂所の所蔵になっているのかという問いを、第五章以降宙づりにしたままだった。修理の話に先だって、その経緯について触れておきたい。

明治維新を経て、明治五年の和歌山県博覧会に出品された時点では、まだ「背旗」が落合家にあったらしいことは前述のとおりである。

その後、落合家は鐺一本と「指物大小四枚」を徳義舎《とくぎしゃ》に預けた。年次は未詳だが、九月六日付で、落合家の一族とおぼしき政之丞の名義で書かれた預け状が落合家に伝わっている。鐺とは家宝の皆朱の鐺であろう。いっぽうの指物だが、第五章で見たように落合家の指物は「背旗」を含め五枚あったはずだから、一枚を残してほかが預けられたことになる。何が残されたのかはわからない。

徳義舎（社）とは、明治十年、紀州藩の最後の藩主徳川茂承《もちつぐ》が旧藩士の生活を援助するため提供した資金をもとに組織された、旧藩士の互助組織であり、のちにこの基金から徳義中学校が設立され、旧藩士子弟の教育にあたった（一般財団法人松阪徳義社ホームページ）。

その後、明治二十四年九月七日付で落合家当主左平治から茂承に対し、皆朱の鐺と「磔指物」の献上願が出される（史料編纂所所蔵「落合家背旗並皆朱鎗献上願」）。「磔指物」とは、

『南紀徳川史』によれば初代の「背旗」と考えていいようだ。預けられた「大小四枚」の指物のなかに「背旗」も含まれていたのだろう。実際に徳川家がこれを受け入れたのはそれから一年半後の同二十六年四月であった。ただし、理由は定かではないが、鐺は徳義社に留め置かれ、その後落合家に返却されている。

「背旗」の移動を軸に、以上の経緯をいったん整理しよう。明治十年の徳義社設立以降、どこかの時点で落合家の鐺と「背旗」が徳義社に預けられた。その後同二十六年に「背旗」は旧主家である紀州徳川家に寄贈され、同家の所有となった。

ただその後、紀州徳川家では、所蔵品や伝来文書を売立てなどに出して手放しており、どうやら「背旗」もそのなかに含まれていたようだ。史料編纂所には、昭和十四年（一九三九）三月に「背旗」を購入した記録が残っている。「背旗」の購入は「馬越恭平《まごしきょうへい》（奨学）資金」によるものであった。

馬越恭平（一八四四―一九三三）は、明治から戦前に活躍した実業家であり、大日本麦酒株式会社（現在のサッポロビール）の社長を務めて〝ビール王〟とも呼ばれた人物である。史料編纂所に彼が所蔵した史料の写真や写本が架蔵されているから、古文書なども所持していたことがあるのだろう。

史料編纂所には、馬越恭平資金により購入した記録のある古文書原本などが他にもいくつか所蔵されており、これらはほぼ昭和十二年に購入されている（史料編纂所・所蔵史料目録データベース）。購入額は不明である。

東京大学に、昭和四年十月、「文学部史料編纂所ニ於ケル図書購入費」の目的で「馬越恭平奨学資金」一万円が寄付された記録がある（『東京大学百年史　資料三』所収「奨学資金・奨学物件寄付者一覧」）。寄付の年次が右に述べた史料購入の記録から八年、「背旗」に至っては十年近くさかのぼっている点が気にはなるが、この寄付金のおかげで「背旗」は史料編纂所の所有に帰したのである。

ちなみに、昭和四年当時の一万円とは、いかばかりの価値があったのか。昭和六年における総理大臣の月給は八百円とのことだから（『値段の明治大正昭和風俗史（上）』）、一万円はほぼ一年の給与に匹敵する。現在の首相の年収は賞与も含めて約四千万円だそうなので、寄付金のおおよその程度が推し量られよう。

「背旗」が旗指物の状態から掛幅装になった時期ははっきりしない。表具などの状態から、考えられる時機として、明治二十六年に落合家から紀州徳川家に献上された時点か、昭和十四年に徳川家から売却される時点のいずれかを想定していた。

紀州徳川家に献上されてから三年後の明治二十九年十一月、靖国神社の例大祭にあわせ、同社の遊就館において「背旗」が出陳された（読売新聞明治二十九年十一月五日付朝刊）。「背旗」が不特定の人びとの目に触れる機会は、同五年の和歌山県博覧会に次いで二度目になろう。ただし、それを伝える新聞記事では、たんに「侯爵徳川茂承（紀州）氏の出品にかゝる鳥井《(ママ)》強右衛門磔殺《たくさつ》図の背旗《はいき》なり」とだけあって、どのような状態だったのかまでは書かれていない。

しかし、森銑三が大正十三年に発表した『偉人暦』において、鳥居強右衛門を取りあげたとき「背旗」に触れ、「今は幅《ふく》に改装されて、徳川家の所蔵となっている」と書いていた。したがって最も可能性の高い契機は、徳川家に献上された時点であろう。少なくとも大正十三年以前であることは明らかだ。ところで、森が「偉人」のなかに強右衛門をあげたことは、まことに興味深い。ちなみに森は愛知県刈谷の出身、つまり三河人である。この点は第三部の主題につながる。そのときに思い出していただきたい。

右の靖国神社における展示の記事において、「背旗」は、「此《こ》は武田勝頼の臣落合左平次道次が、強右衛門勝高が勝頼の甘言に従はず長篠城南青海原《あおみ》に磔殺せられし際、人々其忠勇を高しとして之《これ》を画《えが》き、後代に伝へんと乞ひしに、勝頼之を許したるより、直《ただち》に筆を執《と》て磔殺の面前に於て之を帛《きぬ》に写し取り、爾来之を朱槍の先に掲げて我背旗《さしもの》となし、其後戦場に軍功を彰《かがやか》したり」（読点金子）と説明されている。勝頼の許可を得てその場で描かれ、落合家の家宝の一方である朱鎗の先に掲げて指物としたなどと、所伝がかなり曲げられて紹介されている。

修理前の科学的調査

第五章に述べた調査により「背旗」が初代のものであることが確実となり、制作時期がおおよそ判明し、その旗指物原本としての重要性が認知された。いっぽうで掛幅の傷みが進行しており、掛けて鑑賞することが困難になっていたこともあって、「背旗」の修理が課題となっていた。

もっともこれには、現実的な問題を乗り越えなければならない。修理に要する経費である。幸い株式会社図書館流通センターから史料編纂所に寄せられた寄付金を有効に使うことで、修理が実現したのである。奇しくも「背旗」は、購入のときも修理のときも寄付金によって賄われるというめずらしい事例となった。歴史史料の購入やその保全のため、このように史料編纂所に大金を寄付してくれる篤志家の存在はありがたい。

修理は、史料編纂所史料保存技術室（修理室）、および文化財修理業者の株式会社修美との共同修理事業として、京都国立博物館文化財保存修理所において、平成二十六年度（二〇一四）におこなわれた。以下「背旗」をめぐる修理の内容は、史料保存技術室の技術職員高島晶彦・山口悟史と金子、および修美の市宮景子の連名で発表された修理報告（「東京大学史料編纂所所蔵「落合左平次道次背旗」の保存修理について」）にもとづいている。

さて、修理に先立って、どのような方針でそれをおこなうかを決定するため、旗原本の詳しい観察がなされた。

掛幅装のさい使われた糊により、旗の素材である絹が持つ柔らかさが失われ、それを巻いて保存することにより旗に大きな横折れが生じ、画面が擦れて、絵具層の劣化や、絹の剝落・欠失が見られるようになったという。大きな欠失箇所には、前述のように別に絹が補塡され、補彩がほどこされている。

また、旗指物として機能していた時期の隅韋の跡、以前に破れた部分を糸で縫い合せたと思われる修理痕や、血痕のような滲《し》みが確認された。

第五章で言及したように、六代道広は、初代の旗に矢・鉄砲玉・鑓によって空いた跡三箇所があると書いている。数はともかく、虫喰いによる損傷とは異なる比較的大きく開いた穴が数箇所あり、それらがその穴なのではないかと推測される。

血痕については、道広が初代の旗には血痕が多く付着していると書いていた。いま述べたように、目視により、それとおぼしき滲みや汚れがいくつか確認できる。とくに向かって右脇下部のあたり、おなじく左足下部あたりにはっきりとわかる滲みがある。これらが血痕であるのかどうかを明らかにするためには、科学的な調査が不可欠となるのだが、これはたんに興味本位でおこなうのではなく、修理のうえでも必要な調査なのである。

絹や紙のような文化財を修理するとき、大量の水をかならず使用する。もし「背旗」の滲みが血痕なら、修理のさい迂闊に水を用いれば、それが洗い流されてしまう。血痕もまた、「背旗」の来歴を語る重要な〝史料〟であるから、修理によってそれを損なわないように、慎重な対応が求められるのである。

そこで修理に入る前に、「背旗」を東京国立文化財研究所（保存修復センター）に持ちこみ、同所の設備によって調査をしていただいた。方法は、暗くした部屋のなかで展開した「背旗」に対し、ポリライト（波長可変型光源装置）を照射するやりかたである。調査箇所にポリライトで四百十五ナノメートルの波長を照射すると、タンパク質（血痕）に反応し、蛍光を発するのだという。【口絵図版7】

その結果、向かって右脇下部の滲みに蛍光反応はなく、同左足下部にある血しぶきのようなかたちの滲みの部分に蛍光反応を確認することができた。ひとまずこれを血痕と判断し、その滲みを損なわないかたちで修理を進めることになったのである。「背旗」にポリライトを照射する調査にわたしも立ち会うことができたのだが、このときわたしは、テレビドラマ『科捜研の女』において、科学捜査研究所の面々が調査する場面でいつも流れる伴奏音楽を勝手に脳内再生し、ひとり興奮していたのであった。

冗談はともかく、この血痕は、「背旗」の制作年代と、初代道久の事跡を勘案すれば、第四章でも述べたように、道久が従軍した記録の残る大坂夏の陣のさいに付着した可能性が考えられる。

裏の出現

「背旗」は、黒色で描かれた人物の輪郭線や磔柱の部分にとくに損傷が見られる。この黒が鉱物系絵具（鉄を含む顔料か、植物染料を鉄媒染《てつばいせん》したもの）であれば、損傷はその酸化にともなう劣化となる。時間の経過で今後さらに劣化が進む恐れがあることを考えると、旗指物として修理保存するとき、裏打ちなどの補強をほどこさなければならず、保存方法や保存後の見ばえにも大きな影響をあたえる。

そこで、これまた東京国立文化財研究所（保存修復センター）に蛍光エックス線調査をお願いしたところ、黒の部分は鉄ではなく、墨であることが判明した。【口絵図版8】

したがって黒色部分の損傷は、旗指物として使用されたさい、旗のはためきなどの動きや、収納時に折りたたんだり巻いたりする動きが旗に負担をあたえた結果、生じたものと推測できた。人物（朱）や礫柱（黒）といった着色部分と、無地の箇所には、絵具の有無や、絵具を絹に定着させるための膠《にかわ》の効果度合いによって絹に硬さの差が生じ、それによって断裂・欠失が惹き起こされたと考えられるのである。

実際に落合家に残されていた二代道清以降の旗指物の損傷具合を見ても、それぞれちがった損なわれ方をしており（口絵図版参照）、使われた絵具や旗の素材などによって、劣化のあり方もまた異なってくるのだろうと思われる。

ここまでの叙述で、つくられたのが最も古いはずの「背旗」の損傷度合いが最も軽微なことを訝《いぶか》しく思われた方もいるかもしれない。絵具や布地の質（いいものを使っているのかもしれない）や、家での保管のされ方（一番大切に扱われていたのかもしれない）、また明治以後に逆に掛幅装にされたこと（他は折りたたまれたままの状態であった）など、いくつかの要因がよい方向に重なったのではないかと思われる。

さて、修理に着手し、旗の絹に密着している裏打紙（肌裏打紙）を慎重に除去した結果、旗の裏からあらわれたのは、表（従来掛幅装になっていたときに見えた側）とほぼ同様の図像であった。

実は、すでに小島が、裏にも同様の絵が描かれているのではないかという指摘をしていた（「再び「落合佐平次背旗」の復元について」）。わたしたちの観察でも、たとえば頭髪の部分などに裏にも描かれているのではないかと考えたくなる箇所を確認していた。

この指摘や推測は、落合家代々の旗指物を調査したとき、確信に変わった。初代の旗を忠実に復元しようとした六代道広制作の旗が両面であり、また、落合家に残された旗指物のなかで最も古い二代道清の旗も両面であったからである。旗指物の性質上、片面しか描かれないというのは、はなはだ見ばえがよくない。落合家でも、旗指物が実用でなくなった時代につくられたものは、片面しか描かれなくなっていた。

しかし、いかんせん掛幅装になっていたため、裏にも描かれているのかどうかを確認することはできなかった。裏から光を照射して観察を試みたりもしたが、はっきりとした答えを得ることができないでいたのである。

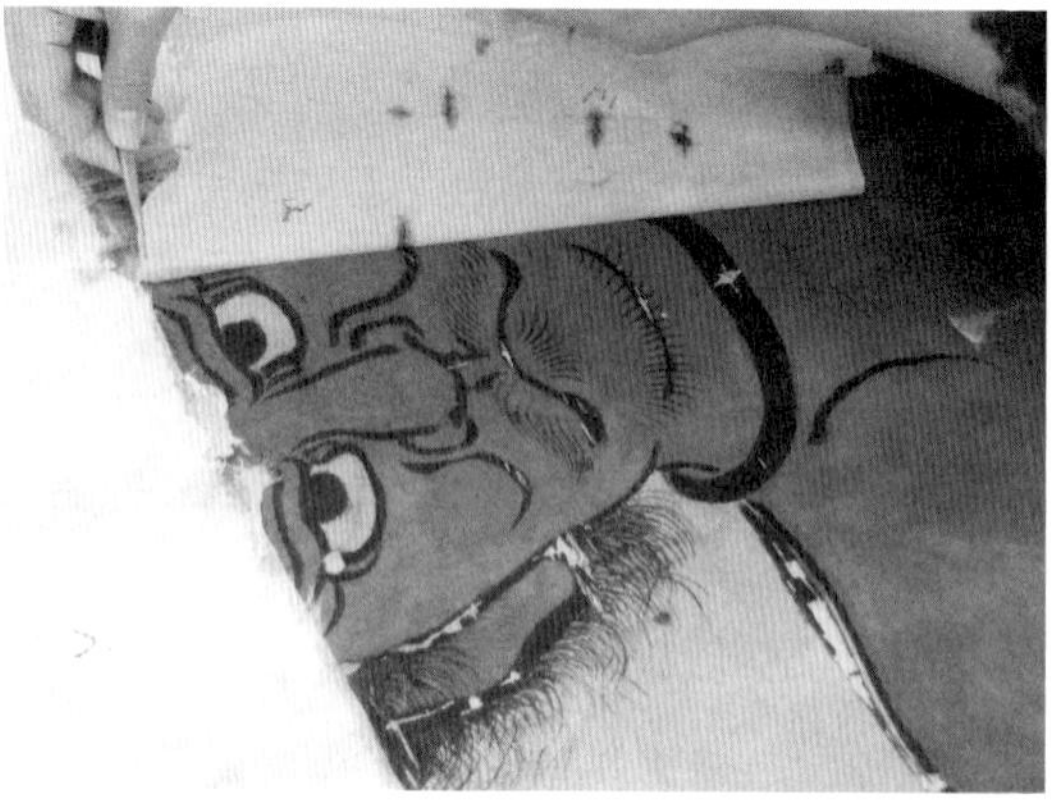

肌裏打紙除去
裏面に描かれた図像が出現した。

それが修理によって、推測どおり裏からも出現したというのだから、知らせを耳にしたときにおぼえた気持ちの高ぶりは、いまだに忘れられない。京都の工房を訪れ、表裏両方に描かれていることを記録するため、修理途中の「背旗」の動画を撮影したほどだった（わたしがたんにまわりをぐるりと動いて撮影しただけだが）。

よみがえる「背旗」

裏にも同様の図像が描かれていることが判明した結果、修理後、最終的にどのようなかたちにするかについても、慎重に検討がおこなわれた。

絵として見られればいいのではなく、旗指物に近いかたちで両面が鑑賞でき、保存するのが理想だからである。これ以上の損傷を防ぐためには、ある程度の補強が必要である。ただし、片面の鑑賞がむずかしくなるような裏打ちは避けなければならない。旗指物だからといって、竿を通してひらひらさせるような原状に戻すのは現実味がないので、両面見られるような別の仕掛けが必要となる。

その結果、採用されたのが現在のかたちである。旗の四辺を木枠にはめ、見せるときにはそれに雲脚を取りつけ、衝立《ついたて》状にする。

補強にも細心の注意が払われた。旗の欠失箇所には、旗の地色を基調とし、同質に近い絹

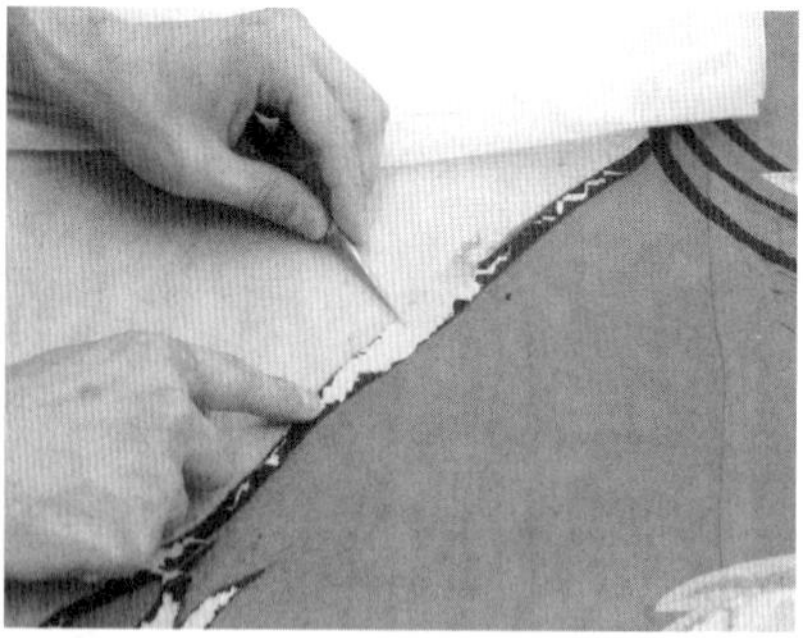

補修絹補塡
欠損部に補修絹を補塡する。

ポリエステル織物縫いつけ作業
両側から小さな針を使ってポリエステル織物を縫いつける。

織物を、欠失箇所と同様のかたちに切って補塡した。それらを固定するため、補塡した箇所の表裏両側から極薄に漉《す》かれた紙（典具帖紙）を小麦粉澱粉糊にて貼りつけた。

さらに、自立して鑑賞されるための最低限の全体補強として、旗との接触面が透けて見えるほどの透き通ったポリエステル織物を裏面に取りつけた。取りつけには極細の縫い針と撚《よ》りのない極細の絹糸を用い、旗本体に可能なかぎり穴を開けないよう、旗の継ぎ目や、補修のため補塡した絹のところで縫いつけた。接着剤などを使っていないため、糸を外せばポリエステル織物を簡単に外すことができるようになっている。

巻いて保管することがなくなり、そのままの状態で大きな平たい桐製の保存箱に寝かせて収めるようになったわけだが、「背旗」をはめ込んだ木枠にはねじが取りつけられ、その締め方により旗を緊張させたり（張ったり）、ゆるめたりできるようにした。展示のときだけねじを締めて旗を緊張させるのである。これも旗に負担をかけない工夫である。

ところで、修理により出現した裏面には、表面と同様の図像が描かれているとした。ただし、注意深く観察すると、まったくおなじというわけではない。

毛髪の筋など、手作業で描いてゆくうえでどうしても生じる微妙な差異（これが掛幅装のとき裏にも描かれているのではと推測する手がかりになったのだが）はおいて、はっきりちがうのは一箇所。表面には、胸骨にあたる部分（首に巻かれた縄の下）に短い横線が描かれているのに対し、裏面にはそれが描かれていないのである（【口絵図版1・2】参照）。

これが、表裏を判別するため、わざと絵師が描きくわえた目印なのか、絵師の遊び心なのか、あるいは気まぐれなのか、まったくわからない。

いずれにせよ、本来の旗指物に可能なかぎり近いかたちで「背旗」を見ることができるようになった。文献調査および原本調査によってわかったことが修理につながり、それがまた新たな発見を導き、そのものの史料的性格も明らかになるという、幸福な実例である。今後、同時代の旗指物が修理されることがあったら、「背旗」の経験を生かしていただけたらいいと思う。

第三部　伝承される鳥居強右衛門像

第八章　近代の鳥居強右衛門

国定教科書『尋常小学読本』の強右衛門

第一部において、『三河物語』『甫庵信長記』以下、江戸時代に成立した諸史料を検討し、鳥居強右衛門をめぐる話がどのように変容していったのかを見てきた。いっぽう第二部では、強右衛門の磔姿を描いたとされる「落合左平次指物」（「落合左平次道次背旗」）を取りあげ、その図像が、強右衛門を称える賛文をともなって、江戸時代後期の武家社会に広まっていった様子を追いかけた。

本章では、これら江戸時代における文献や図像の流布を受け、明治維新後の近代社会における情報媒体の多様化と時代状況の変化にともない、強右衛門の人物像が、どのように一般社会に浸透していったのかを考えてみることにする。

古典中国文学者の坂田新は、大正二年（正しくは明治四十三年＝一九一〇）に刊行された国定教科書『尋常小学読本』巻十二に第七課「鳥居勝商」として掲載されたことが、強右衛門の話を全国に普及させた大きな契機であると指摘した（「鳥居強右衛門」）。すでにここまでお読みいただいた読者には周知の話であるうえ、やや長くなるが、全文引用したい。

天正三年五月奥平信昌、徳川家康の命を受けて長篠城を守る。武田勝頼大軍を率ゐて来《きた》り攻むれども、城兵善く戦ひて抜くこと能はず、攻めあぐみて長囲《ちょうい》の計を取り、柵を城外に廻らし、縄を城下の河中に張りて、城兵のひそかに逃れ出づるを防ぐ。

城中には僅かに四五日の糧食を余せるのみ。援軍の来らん日も亦期すべからず。信昌将士を集めていふやう、「敵は長囲の計を取れるに、我は糧食殆ど尽きたり。今は轍《わだち》にあぎとふ鮒の如し。城を抜け出でて岡崎に至り、急を主公に告ぐる者なきか。」と。鳥居勝商といふ者あり、進み出でて其の使たらんことを請ひ、約していふやう、「事の成否は今より予測すべからず、若し向ひの山にのろしのあがるを見ば、幸《さいわい》にして城を出でたりと知れ。三日を過ぎなば、又山上に来りて援軍の消息を示さん。」と。信昌大いに喜ぶ。

時は十四日の月夜なり。黒き影は城の一方より現れ出で、ひらりとばかり身を水中に投入れたり。縄の鈴はしきりに鳴る。敵の衛兵相呼んで尋ねんとするに、一老兵のいふ、「水方にみなぎれり。流《ながれ》をさかのぼる鱸《すずき》の縄にふるゝならん。」といへば、「さもあらん。」とて止む。しばらくして黒き影は向ひの岸に現れたり。

翌十五日の朝、勝商は山に上りてのろしをあげ、走りて岡崎に到り、家康に見《まみ》えて援を求む。家康直ちに勝商をして織田信長に見えて、長篠城の急を告げしむ。信長、勝商の労を賞し、且《かつ》いふ、「我、明日大軍を率ゐて出発せんとす。汝も止《とどま》りて我と共に行け。」と。勝商事急なればとて直ちに引返す。

十六日勝商は再び山上にのろしをあげ、次いで城に入らんとするに、不幸発見せられて、遂に敵兵に捕へらる。勝頼、勝商に向ひていふ、「明日城門に行きて、『援軍来らず、速《すみやか》に降るべし。』と告げよ。さらば我必ず重く汝を賞せん。」と。

翌日壮士十余人、勝商を囲みて城門に到る。勝商城に向ひ、高らかに号《さけ》んで曰く、「諸君、憂ふることなかれ。徳川・織田二公大軍を率ゐて、既に出発せらる。囲の解けんは二三日の内にあらん。」と。勝頼怒りて之を殺せり。

昔調伊企儺《つきのいきな》は新羅と戦ひて新羅《しらぎ》の将に捕へらる。其の将伊企儺をして日本に向つて、「日本の将我がしりを食へ。」と号ばしむ。伊企儺却つて「新羅王我がしりを食へ。」といひて、幾度責めらるれども改めず、遂に殺されたり。古今勇士の意気甚だ相似たらずや。（『日本教科書大系近代編　第七巻国語（四）』）

話の内容については第一部で述べたとおりなのでくりかえさない。磔に触れられていないことや、末尾に調伊企儺の類話が引きあいに出されている点が特色だろうか。

この話が載った『尋常小学読本』は、いわゆる第二期国定教科書にあたり、明治四十三年から大正六年（一九一七）まで尋常小学校における授業に使用された（北海道教育大学附属図書館サイト「絵で見る国定教科書の変遷」）。明治三十六年から同四十四年に生まれた子供たちがこれを学んだ。巻十二は六年生（現在の小学校六年生とおなじ年齢）が使用した。

国家が主導して、子供たちに強右衛門の存在を植えつけたという意味で、たしかに坂田が指摘するように、『尋常小学読本』は強右衛門の流布に大きな役割を果したと思われる。もっとも、明治四十三年に突如として強右衛門の話が教育の場に浮上してきたわけではなかろう。『尋常小学読本』にはそれ以前のどんな強右衛門像が流れこんでいるのか、次に見てみたい。

錦絵と歌舞伎の強右衛門

江戸幕府が瓦解し、新政府が樹立されようとしている混沌とした時代のなかで、強右衛門を好んで取りあげたのは、文筆の世界ではなく、絵画の世界だった。錦絵（浮世絵）である。とりわけ、第六章でも登場した絵師月岡芳年は、たびたびその作品に強右衛門を登場させている。

最も早いとおぼしいのは、明治元年（一八六八）に板行された『魁題百撰相《かいだいひやくせんそう》』である。

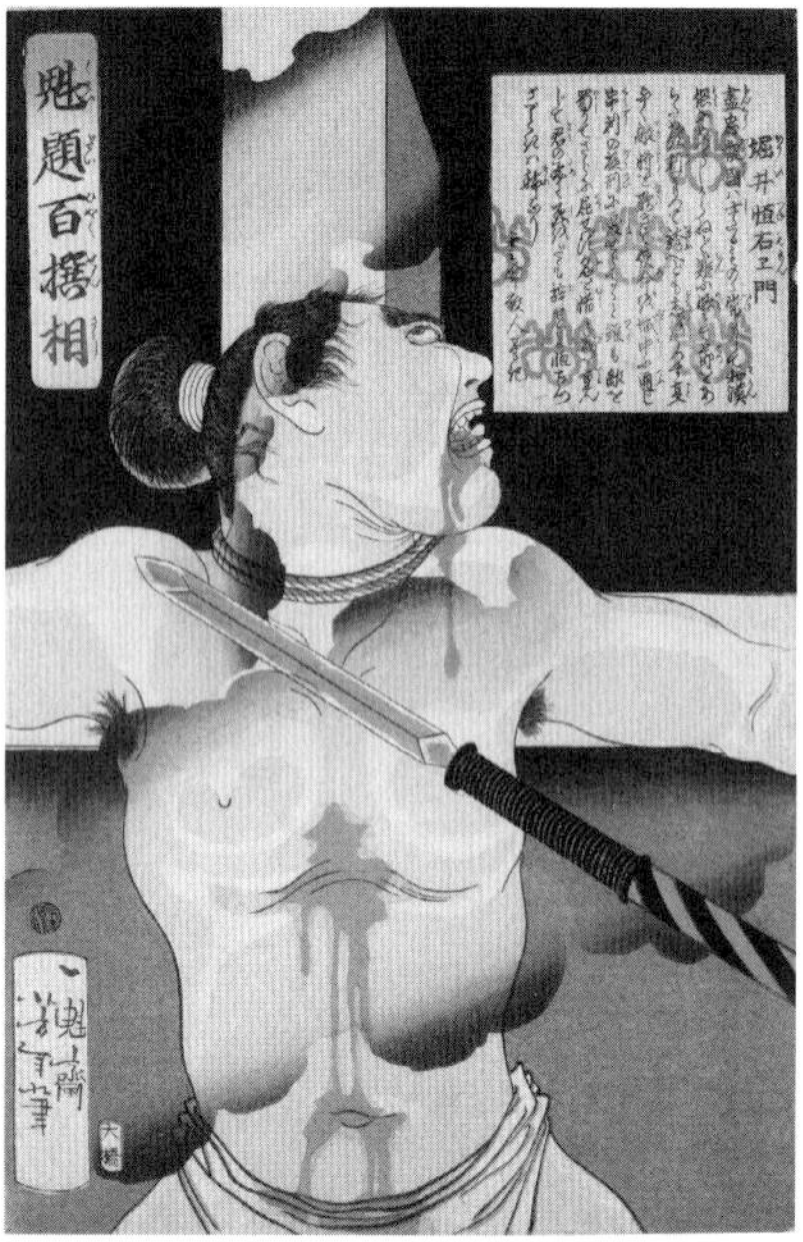

月岡芳年『魁題百撰相』のうち「堀井恒右ヱ門」
（町田市立国際版画美術館蔵）

このなかで「堀井恒右ヱ門」と題し、磔上で鑓に突かれ、苦痛にゆがんだ表情を見せる強右衛門を大写しに描いた。芳年は幕末から明治初頭にかけて流行した、血みどろの武士たちを描く「無残絵」と呼ばれた一群の作品を代表する絵師であり、『魁題百撰相』は彼の代表作のひとつに数えられている。この磔姿を描くさい、実際に門人を柱に縛りつけ、その姿を参考にしたという逸話が残されている（『月岡芳年　魁題百撰相』）。

おなじ年に芳年は、『美談武者八景』という連作中の「長篠の夜雨《よるのあめ》」にも、強右衛門を登場させている。こちらは三枚続の錦絵である。長篠城に戻るため刀をくわえて川に入った強右衛門が、武田軍が仕掛けた鳴子《なるこ》に懸かり、敵に見つかりそうになった場面を描いている。褌一丁、ざんばら髪の姿は「背旗」を彷彿とさせる。

月岡芳年『美談武者八景』のうち「長篠の夜雨」（画像提供：古美術もりみや）

新政府軍が上野に籠もる旧幕府軍を攻撃した、いわゆる上野戦争に材をとり、明治四、五年頃、五代目尾上菊五郎や四代目助高屋《すけたかや》高助《たかすけ》らを配して上演された歌舞伎狂言「碁《ご》風《ふう》土《ど》記《き》劇本読《かぶきのほんよみ》」は、当時芳年の「長篠の夜雨」が人気だったため、その画面を劇化して評判をとったという（東京朝日新聞明治三十八年六月二十四日付朝刊「東京座劇評」）。

ただし、右の記事は多少修正が必要である。明治四年正月に市村座において上演された狂言の外題は「碁《ご》風土《ふうど》紀《き》魁升形《せんてのじょうせき》」といい、「鳥居常右衛門」を務めたのは四代目中村芝《し》翫《かん》である（田村成義編『続々歌舞伎年代記』）。

その後、同十七年二月に新富座において「後風土記劇本読」が上演された。菊五郎が鳥居常右衛門、九代目市川團十郎が「奥平小八郎」（奥平信昌）を演じている。『続々歌舞伎年代記』によれば、菊五郎の常右衛門は「大出来大当」をとったという。小八郎が常右衛門を使

月岡芳年『魁盛護普勲葵』のうち「鳥居強右エ門勝高」（日本城郭協会蔵）

者として遣わす、團菊両名優による別れの場面は涙を誘ったといい、菊五郎が三河岩代川を泳ぐ場面の演出は、水練の達人を自宅に招き、水練の心得を伝授してもらったうえで、浅葱《あさぎ》幕《まく》を下ろし舞台を水底に見立てるという力の入れようだった。

　その後も明治四十二年四月に寿座に「碁風土記」が出され、中村幸蔵が「鳥居五郎右衛門」を演じて「故菊五郎《ごだいめ》張りでよく」と評価されていたり（『続々歌舞伎年代記』・東京朝日新聞明治四十二年四月十六日付朝刊「演芸界だより」）、大正八年八月吾妻座の三番目に「河竹黙阿弥翁作／鳥居強右衛門　三幕」が上演されていることが確認できる（東京朝日新聞大正八年八月三十一日付朝刊広告）。

　吾妻座の「鳥居強右衛門」は、右の「碁（後）風土記劇本読」から強右衛門のくだりを独立させた、いわゆる見取りなのか、そもそも世話物の代表的作家である黙阿弥が、どちらかと言えば時代物だと思われる強右衛門の狂言を本当に書いたのか。これ以上突きとめることはできなかった。

　話が歌舞伎に移ってしまったので、いま一度、錦絵に戻そう。

　芳年は「背旗」の図像を目にしたことがあるだろうか。写のかたちで幕末の武家社会に広まりつつあったとはいえ、明治元年時点で「背旗」はいまだ落合家に蔵されていた。もし見ていたのなら、絵師としてあの深紅に染まった身体を表現しないはずはなかろうと思われるから、知らなかったのではあるまいか。

月岡芳年『皇国二十四功』のうち「鳥居強右衛門勝高」（国立国会図書館蔵）

　さらにその後、芳年は、明治八年の『魁《かい》盛《せい》護《ご》普《ふ》勲葵《くんあおい》』（「鳥居強右エ門勝高」）、同二十年の『皇国二十四功』（「鳥居強右衛門勝高」）でも強右衛門を描いた。前者は城内に向かって援軍が来ることを叫んでいる場面、後者は『美談武者八景』と同様、

落合芳幾『太平記拾遺』のうち「鳥居強右衛門勝高」（画像提供：古美術もりみや）

城を脱出してこれから家康らのもとへ向かおうとしている場面と見られ、城下の川に仕掛けられた鳴子を慎重に避けようとしている。前者は褌一丁であるのに対し、後者は上半身裸で小袴をつけている。『魁題百撰相』こそ磔姿であったものの、それ以外の三作は脱出・伝達の場面であり、「背旗」の図像と直接の関係はない。むしろ、強右衛門の事跡が「忠」「功」ということばに集約され、強調されているように思われる。

歌川国芳《くによし》門下で芳年の兄弟子にあたる絵師落合芳幾《よしいく》も、明治二十年に板行した『太平記拾遺』のなかで強右衛門を描いているが（「鳥居強右衛門勝高」）、こちらも強右衛門が川から上陸した場面が描かれる。その他、錦絵では、明治二十六年に板行された楊洲《ようしゆう》周延《ちかのぶ》作にかかる「鳥居強右衛門敵ニ捕ハレ味方ノ城中エ忠言ス」がある。これは題名からわかるとおり、

楊洲周延「鳥居強右衛門敵ニ捕ハレ味方ノ城中エ忠言ス」（東京都立図書館蔵）

城内の味方に援軍が来ることを叫んでいるところを武田氏の兵が懸命に制止しようとしている場面が三枚続きで描かれる。

　このように、明治二十年代頃までの明治前期において、芳年・芳幾ら絵師による錦絵によって強右衛門の姿が描かれ、そこから歌舞伎狂言に取り入れられ、一般に広まったという流れを見いだすことができた。

国定教科書採用の背景

　国立国会図書館デジタルコレクションで鳥居（もしくは鳥井）強右衛門を探してみると、明治から昭和戦前にかけて刊行されたさまざまな書籍が検出される。そのなかで明治期の書籍に注目すると、明治二十年代から三十年

《表6》明治後半に刊行された鳥居強右衛門に触れた書籍

	書名と強右衛門に言及した話の題
明治23年4月	遠藤角作著『教育児談』「鳥居強右衛門の忠義武勇」
明治23年10月	教育勅語発布
明治26年12月	那珂通世・秋山四郎編『尋常小学修身口授書』(共益商社)「鳥居強右衛門」「(同) つゞき」
明治26年12月	山本栄次郎(順軒)『教育児談　幼年道話』(矢島誠信堂)「鳥居強右衛門の忠義武勇」
明治27年6月	日清戦争(～28年5月)
明治27年3月	石井了一・石井福太郎編『家庭教育　修身訓』(目黒書店)「鳥居強右衛門直商の話」
明治27年8月	秋山四郎『中学漢文読本』2(金港堂)
明治29年11月	靖国神社遊就館において「背旗」公開
明治32年8月	橋亭主人『励軍小話』(厚生堂)「鳥居強右衛門の忠死」
明治33年6月	宮崎繁吉『豪傑の臨終』(大学館)「鳥居強右衛門勝商」
明治35年8月	著徳園主人『金港堂豪傑ばなし　鳥居強右衛門』(金港堂)
明治37年2月	日露戦争(～38年9月)
明治37年	教育資料研究会編『尋常小学校外修身書第三学年』(学海指針社)「忠義(その二)谷村計介　鳥居強右衛門」
明治37年	第一期国定教科書『尋常小学読本』
明治38年	池辺義象著『帝国軍人読本』(厚生堂)「大勇士の話」
明治43年	『尋常小学読本』十二「鳥居勝商」

代にかけ強右衛門に触れた本が多く出版されていることがわかる(明治九年に刊行された山田俊蔵著『徳川十五代記』は例外的に早い)。

このうち比較的早いのが、明治二十三年四月に刊行された遠藤角作『教育児談』である。書名のとおり子供向けの教育読物であり、「鳥居強右衛門の忠義武勇」の題で強右衛門の話が収められている。

それ以降、明治四十三年の『尋常小学読本』までに刊行された書籍を《表6》にまとめた。内容は大同小異であるので一々紹介しない。これらの本は、『教育児談』のような読物、さらにそこから派生した修身《しゅうしん》の読物、武士の豪傑話、軍人向けの読物などに大別される。

教育・修身という分野で鳥居強右衛門が語られるに至ったのは、やはり「忠義武勇」の面に注目されたのであろう。この文脈で取りあげられるようになったきっかけは、明治二十三年十月に発布された「教育ニ関スル勅語」、いわゆる教育勅語をおいて他に考えられない。

「爾《なんじ》臣民、父母ニ孝ニ兄弟《けいてい》ニ友《ゆう》ニ夫婦相和シ、朋友相信《あいしん》シ、恭倹《きょうけん》己レヲ持《じ》シ、博愛衆ニ及ホシ、学ヲ修メ業ヲ習ヒ、以テ智能ヲ啓発シ、徳器《とくき》ヲ成就シ、進《すすん》テ公益ヲ広メ、世務《せいむ》ヲ開キ、常ニ国憲《こくけん》ヲ重シ、国法ニ遵《したが》ヒ、一旦緩急アレハ義勇公《こう》ニ奉《ほう》シ、以テ天壌無窮《てんじょうむきゅう》ノ皇運ヲ扶翼《ふよく》スヘシ」（読点・ふりがな金子）とある、とくに後半部分に示された考え方を教えるため、強右衛門の事跡は格好の教材となったとみられる。実際に、強右衛門の話を載せる『家庭教育修身訓』では、冒頭に教育勅語を掲げている。

豪傑話、軍人向けの読物という点では、明治二十七年に始まった日清戦争、同三十七年に始まった日露戦争との関係を無視できない。対外戦争が続発する世相のなかで、いくさ場において「忠義武勇」を表わした強右衛門の話は、兵士の理想像とされたのだろう。

国定教科書においては、明治三十七年に刊行された第一期の『尋常小学読本』中に強右衛門の話はなく、同四十三年に刊行された第二期から収められるようになった。第二期では、全般的に第一期に対して文学的教材・国民的教材を追加しており、これは「日露戦争勝利後の国粋主義の現われ」のように、日露戦争の影響があったと説かれている（『日本教科書大系』解題・北海道教育大学附属図書館サイト「絵で見る国定教科書の変遷」）。

強右衛門の話は、明治二十年代における国家体制強化の思想的基盤となった教育勅語の考え方を涵養《かんよう》するための材料として抜擢され、さらに日清・日露戦争といった対外戦争の発生により、軍人のあるべき姿として教えられるようになっていった。それらの傾向が『尋常小学読本』へと流れこみ、その後、教育の場を介して普及していったのである。

明治二十年代以降の政治・社会思想のなかに強右衛門が組みこまれていった前提には、それ以前に錦絵や歌舞伎などにより俗世間に広まっていた強右衛門像があったことは想像にかたくない。錦絵・歌舞伎を媒介にして造型された強右衛門像は、善かれ悪しかれ、底のほうで修身的な強右衛門の姿へとつながっているはずである。

重層化する強右衛門伝説

『尋常小学読本』がその末尾に強右衛門とよく似た例として掲げた調伊企儺とは、『日本書紀』欽明《きんめい》天皇二十三年（五六二）七月条に載る話である。

そこにもあるとおりだが、任那《みまな》が新羅《しらぎ》により滅ぼされたときに捕虜となった伊企儺は、勇猛な性格であったため、なかなか従おうとしなった。そこで敵将が褌（袴）を脱がせ、尻を日本に向け「日本の将、我が尻をくらえ」と言わせようとしたところ、「新羅王、我が尻をくらえ」と何度も叫んだため、殺害されたという話だ。

たしかに、敵に強要されたことと逆のことを言ったために殺害されたという話の骨格は似ている。しかし、使者という立場とは共通性がない。むしろ中国の故事に類例がいくつかあって、坂田や、国語学者・佐藤仁之助が早くから指摘している。

佐藤と坂田があげたのは、霍人（晋）の解揚、斉《せい》の路中大夫、北海の松贇《しょういん》、羅匹城、劉整・鄭像らの話である。それぞれ『史記』鄭世家、同斉悼恵王世家、『隋書』、『榊巷談苑』（榊原篁洲の随筆）、『三国志』魏書四斉王紀において述べられている。具体的に両氏が記事を引用している松贇の場合で言えば、次のような話である。

賊の楊厚が北海県を襲ったとき、北海の松贇は兵を率いこれに対抗したが、捕虜となってしまった。楊厚が松贇に対し、城中に向かって味方はすでに破れたので降伏せよと言えと要請し、松贇はこれを偽って受け入れた。ところが城内の兵に向かって松贇は、賊徒はさほどの力はなく、官軍が来援するので憂う必要はないと叫んだ。その後、松贇は賊によって殺害されたという。

解揚・路中大夫の例はこれよりもっと強右衛門の話に近く、攻められた側から来援を要請するため派遣された使者が帰還後捕えられ、城内に降伏を告げるよう強要され、逆のこと（すなわちもうすぐ援軍が来ること）を叫んだという事例である（解揚はその信念を敵から賞され助命される）。

両氏の指摘にさらに付けくわえることができるのは、『戸田本三河記』（第三章《表1》のL）にて言及されている明初の張子明の話である。やはり子明は包囲された城から援軍要請のため派遣され、目的を達して帰ったところで捕縛され、敵将から城に対して援軍は来ないことを言うように要請され、いったん偽って了承したものの、いざそのときには来援が近いことを叫んだために殺害されてしまった。固有名詞を取りかえれば、ほとんど強右衛門の話であると言ってよいほど似ている。

このように中国に類話が多いこともあり、坂田は、強右衛門の話が中国の故事を借りてきた創作なのではないかと疑い、みずから関係史料を検討したのである。その結果坂田が出した結論は、「話の基本的な部分はほぼ事実であった」とし、強右衛門の話が創作ではないとするものであった。

坂田も指摘するように、強右衛門の事跡を語るとき、著者が中国故事の素養があって類例を知る者であれば、語り口の点で参考とすることがあったかもしれない。ただし、その影響関係を実証することは不可能である。

包囲がつづくなか危機に陥った城側が、援軍を乞うため使者を派遣するという状況は当然ありうるだろうし、捕縛された使者に対し、これ以上の力攻めを回避するため、早くの降伏を促すように虚言を強要するといった状況もありうるから、偶然の一致と片づけることもできる。

実は、長篠の戦いの前年における武田方と徳川方の戦いにおいて、使者をめぐる似たようなできごとがあったと伝えられている（平山優『長篠合戦と武田勝頼』）。

天正二年（一五七四）五月、徳川方の遠江高天神城を武田勝頼率いる軍勢が包囲した。城主小笠原氏助は武田方に対したくみな交渉をおこないながら、包囲に堪えた。そのなか氏助は、家康の来援を要請するため、城内から家臣匂坂牛之助を派遣する。家康は牛之助に対し、信長の援軍の先兵が浜松に着いたら一筋、見付に着いたら二筋、信長自身が浜松に着いたら三筋の狼煙をあげることを約束し、牛之助はこれを城内に伝えた。

ところが、三筋の狼煙があがったにもかかわらず援軍は来ず、城内の者は牛之助が偽りを申してきたと落胆した。その後、浜松に二度目の使いに出された牛之助は、援軍の先兵がすでに浜松に到着していることを確認し、戻って味方に伝えたものの、城内の兵は誰も牛之助の報告を信じなかったという（『諸家系図纂』所収「高天神小笠原家譜」）。

牛之助の場合、二度とも無事に使者としての役目を果したにもかかわらず、いくさの推移により彼がもたらした情報と現実とのあいだに齟齬が生じ、信頼を失ったことになる。この牛之助の話もどの程度事実を反映しているのかわからない。時代や場所の如何を問わず、いくさ場には決死の覚悟でのぞむ使者の存在が常にあって、その行動が成功するか、失敗して命を失うか、あるいは結果的に称えられるか、批判されるかは紙一重だと言うことができるのかもしれない。

谷村計介と「アラモの碑」

いずれにしても、強右衛門の話を語るうえで他国や過去の類例を引きあいに出し、重ねあわせることは、その話をより強く印象づける効果をもつ。

その意味で、明治三十七年に刊行された『尋常小学校外修身書第三学年』に、興味深い挿話が語られている。そこでは「忠義」という題のもと、谷村計介《たにむらけいすけ》という人物について述べられる。彼の行動が鳥居強右衛門のそれと似ていることから、二人は「古今いっついの忠義なつはもの」と賞賛されているのである。

谷村計介とは、明治十年に起きた西南戦争のおり、西郷隆盛率いる薩軍に包囲された熊本城から、城将谷干城《たにたてき》の方針を伝えるため決死の脱出を試み、薩軍に二度捕えられながらも最終的にその使命を果たした（その後戦死）という軍人である（『国史大辞典』）。「忠義」の前段では、谷村の使者としての働きについて述べられている。

西南戦争で活躍し、戦死したという谷村の話は、明治の人びとにとっては記憶に新しいできごとであろう。その彼の姿に強右衛門の姿が二重映しとなることで、「決死の使者」「忠義」という主題と強右衛門がむすびつき、印象づけられた。

さらにここで、強右衛門の類話として最も柄の大きな話に触れなければならない。『日本風景論』でも知られる地理学者・評論家志賀重昂《しげたか》による「アラモの砦」との比較論である（拙稿「鳥居強右衛門の虚像と実像」）。

強右衛門の同郷三河岡崎に生まれた志賀は、一八三六年にメキシコからの独立をくわだてたテキサスの人びとが拠ったサンアントニオのアラモの砦をめぐる挿話と、強右衛門の話の類似性に注目し、あることを思い立った。アラモの砦は、アメリカの名優ジョン・ウェインによる監督第一作『アラモ』（一九六〇年）でも有名である。

大正三年（一九一四）、講演旅行のためアメリカを訪れたとき、志賀はサンアントニオにも立ち寄り、同地への顕彰碑建立を申し入れたのである。かくして建てられたのが、「テクサス独立戦役殉難烈士の碑」（To the memory of the heroes of the alamo）であった。

サンアントニオのアラモ寺院（伝道所）に籠もったテキサス人民に対し、メキシコ軍は大

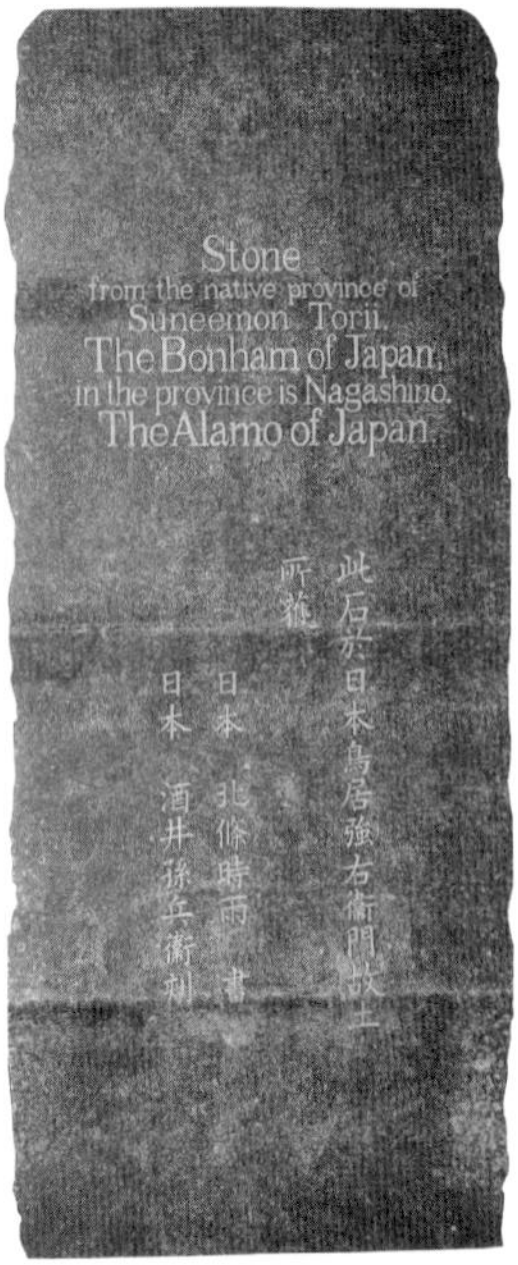

テクサス独立戦役殉難烈士の碑拓本＜表＞（鳥居会所蔵文書）

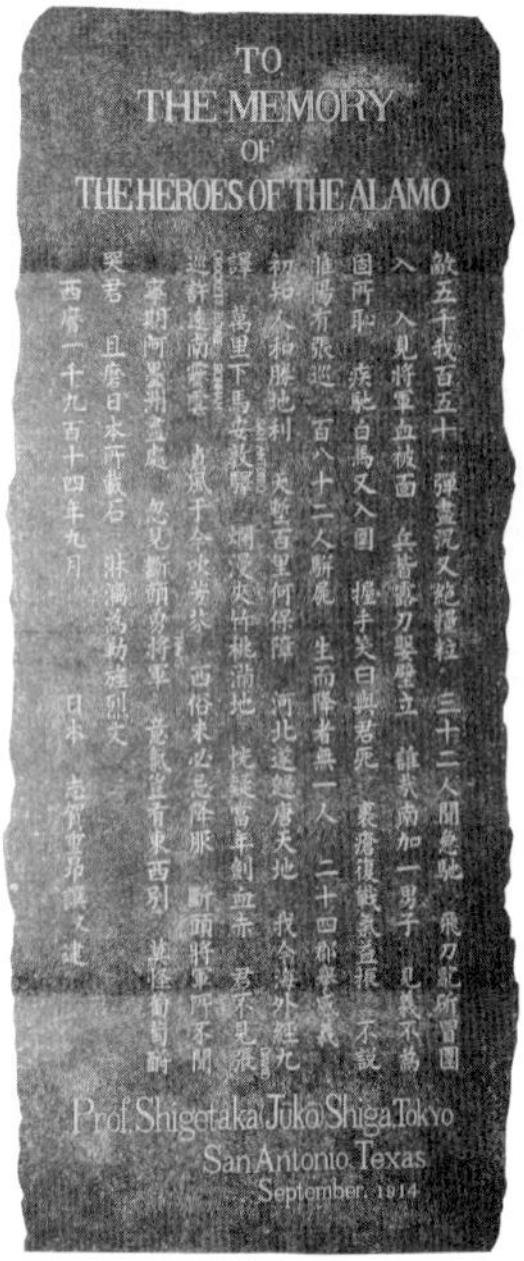

同右＜裏＞（鳥居会所蔵文書）

軍をもってこれを包囲した。離れた場所にある友軍に支援を求めるため、包囲されたアラモから派遣された使者の名はジェームス・ボナム。彼は役目を果たしたあとアラモに戻り、立てこもった仲間たちとともに戦死したという。この点、強右衛門とは異なる。

それはともかく、右の碑は長篠にある鳥居強右衛門墓碑近くから掘り出された石を台石とし、本碑は岡崎産の花崗岩が用いられたという。いっぽうで岡崎城址にもこれを記念する「アラモの碑」が建立されている。こちらはアメリカに運ばれた台石と一緒に掘り出された石が用いられているという。

志賀は『日本風景論』において、木曾川中流の景観をドイツ・ライン川の風景と重ねあわせ、「日本ライン」と命名するなど、日本と欧米の景観の類似を見つけ出して比較する手法を得意としていた。

　強右衛門の場合もその思考法が存分に活かされ、強右衛門を「日本のボナム」と呼び、長篠城を「日本のアラモ」とした。志賀の行動は新聞報道にもなっている（読売新聞大正三年十二月四日付朝刊）。

　日本や中国の故事にとどまらず、アメリカにまで類例が見いだされ、建碑という行動もともなってその行動が顕彰された。こういう言い方が適切かどうかわからないけれど、この話はとうとう〝世界規模〟にまでふくらんだのである。それが大正三年になされたというのも興味深い。先に見た明治後期における強右衛門伝説の流布を考えれば、そうした人物像の普及がここにひとつの区切りをむかえたと言うこともできそうだからだ。

岡崎城址のアラモの碑（著者撮影）

　ことここに至ると、今度は同様の事例

が強右衛門にたとえられるようになる。

昭和三年（一九二八）二月、日本の汽船海通丸が中国山東省沖合で「海賊団」に占拠され、次に別の日本船に狙いが定められていたところ、海通丸の乗組員が身の危険をかえりみずその船に危機を信号したおかげで無事難を逃れ、のち海通丸の乗組員も救出されたという事件を伝える新聞記事（東京朝日新聞昭和三年六月十三日付朝刊）の見出しに、「現代の鳥居強右衛門」の惹句が使われている。

また、戦中にも次のようなできごとが報道されている。

昭和十九年のインパール作戦のさい、イギリス軍が日本兵わずか七人の死守する橋頭堡《きょうとうほ》を取り囲んだものの攻めあぐねていたところ、たまたま本隊から来て負傷し動けなくなっていたひとりの日本兵を捕えることができたので、その負傷兵に対し、七人に向け投降を呼びかけるよう強要した。

いざ味方に対したとき、彼は「戦友よ援軍は来るぞ、もう少しがんばつてくれ」と叫んだのち舌を嚙み自決したという（読売新聞昭和十九年八月十七日付朝刊）。こうして紹介するだけで気鬱になる悲しい話であり、強右衛門の話にうりふたつである。時間的にかけ離れているから客観視してしまいがちだが、強右衛門の話も、おなじ人間の行動と考えれば辛いできごとだと今さらながら気づかされる。

このできごとについて新聞は、見出しに「再現鳥居強右衛門」と掲げ、記事本文では「今《いま》様《よう》鳥居強右衛門の忠勇美談」と書いている。こうした日本兵の行動に強右衛門のたとえが用いられるということは、読む者に強右衛門が何をした人物なのかという共通理解がなければならないだろう。

ここに、近代日本社会における鳥居強右衛門像の浸透具合を見ることができよう。

吉川英治から内田吐夢へ

わたしは、近代日本社会のなかに浸透した鳥居強右衛門像が行き着いた先に、昭和十七年十月一日に封切られた映画『鳥居強右衛門』（内田吐夢《とむ》監督）を置いてみたいと思っている。本章を締めくくるにあたり、この映画作品について少し考えたい。

映画の題に「吉川英治作『太閤記』より」の前書があることからわかるとおり、映画は吉川英治の『新書太閤記』を原作としている。この長篇小説は、読売新聞夕刊に昭和十四年一月一日から同二十年八月二十三日まで連載された。このなかにおいて叙述される長篠の戦い・鳥居強右衛門活躍のくだりが原作となった。強右衛門初登場は昭和十六年六月十三日であり、死は七月五日である。当時この部分は『太閤記【秀吉篇】』の題のもと連載されていた。映画公開の一年数ヶ月前のことである。

吉川英治は『太閤記』連載以前、昭和十年八月二十三日から同十四年七月十一日までの足かけ五年にわたり、大阪・東京両朝日新聞夕刊紙上に『宮本武蔵』を連載していた。好評を博し連載継続が求められた結果とはいえ、『太閤記』と連載期間が若干重複するのは驚きである。『宮本武蔵』は「新聞小説史上、空前の人気作品」（大村彦次郎『時代小説盛衰史（上）』）とされる小説であり、さらに徳川夢声《むせい》がそれをラジオで朗読したことによって、人気にさらなる拍車がかかった。

そんな〝国民的作家〟と言ってよい吉川の次作、しかも連載中の小説を原作としているのだから、制作陣の意気込みや期待のほどが知られよう。

『新書太閤記』における小説的工夫は、まず強右衛門を「世俗でいう「気ばたらき」の至ってない、鈍々として、ただ真正直が取柄だといわれるような性格」（作品引用は『吉川英治全集』による）として設定したことである。

強右衛門が使者となった経緯は、『参州長篠戦記（四戦紀聞）』以来の、当初は一族奥平勝吉が指名されたものの彼が拒否したという説を採る。このやりとりの末席に強右衛門もおり、それを聞きながら嗚咽を漏らしたため、信昌の気にとまった結果、彼に白羽の矢が立った。

また、家族と関わる場面もある。強右衛門が役目を果したあと長篠城に戻る途中、住まいに立ち寄り、「破れ障子」（小説の章題にもなっている）からそっと屋内をのぞき込んで妻子の息災をたしかめたあと、褒美として家康から拝領した菓子を窓際に置いて立ち去る。

長篠城に対する場面では、磔の状態で味方の前に出され、叫ぶ。それを聞いた武田氏の兵が強右衛門を殺害したあと、怒りにまかせ遺骸を陵辱しているところに「止し給えッ、城兵の見ている前で醜《みぐる》しいッ。今さら、足蹴にしたところで及ばぬことだ」と怒鳴って押しとどめるのが「旗本の落合左平治（ママ）」である。直後に左平治が旗指物にしたことにも触れられている。

『太閤記』挿絵（第162回、江崎孝坪画）

言うまでもないが、小説は豊臣秀吉の一代記である『太閤記』だから、強右衛門の話はあくまで脇筋である。にもかかわらず主人公に強右衛門を据え、その前後だけを抜き出し映像化したところに、時代の影響を感じさせる。

映画を監督した内田吐夢は、それ以前には明治期の貧農一家の生活をリアリズムで描いた『土』で高い評価を得、『鳥居強右衛門』後は満州に渡って満洲映画協会（満映）に関与、敗戦後は長期間中国に抑留され、昭和二十九年にようやく帰国したあとは『血槍富士』（昭和三十年）や『宮本武蔵』（同三十六年から）、『飢餓海峡』（同四十年）など、時代劇・現代劇を問わず泥臭くて勇ましい男を描くすぐれた作品を世におくった巨匠である。

『鳥居強右衛門』直前には、維新期の佐幕派小藩の武士の運命を描いた『歴史』を制作していたが、映画評論家・佐藤忠男は「まじめなだけで面白くない時代劇」と評している（『増補版日本映画史2』）。佐藤は、「これらの〝歴史映画〟は、歴史をまじめに考えることはそのまま国家主義の強化につながるであろうと見られて、一種の国策映画として奨励された」とし、内田監督の『歴史』から『鳥居強右衛門』へと至る道筋を論じた。結果的に『鳥居強右衛門』もまた、「ドラマとしての面白さを欠いた失敗作」とされたのである。

失敗作『鳥居強右衛門』

『鳥居強右衛門』が「失敗作」に終わったのには、さまざまな理由があったようだ。とりわけ大きな原因が、脚本を担当した原健一郎が制作途中で降板したことである。原が書いた脚本は、『映画評論』昭和十七年七月号に全文掲載され、読むことができる。その後記において原は、監督が「否定面を描くべきでない」「肯定面のみを以て、芸術作製の方法を発見して行くこと」を主張したのに対し、否定面をも描かねば芸術は成立しないと考え、対立したのが降板の原因だと告白している。

両者が対立した「否定面」「肯定面」というのは、佐藤の評論を参考にすると、あくまで強右衛門を忠義の士、「直情径行な愛国者」として肯定し、その部分を強調したい内田監督が、強右衛門と妻子の交わりを描くことで「侍の心にもあったかもしれない迷いやためらい」といった面を無視してしまったことへの不満ということのようだ。

強右衛門を演じた主演小杉勇は、三年前に制作された戦意昂揚映画『土と兵隊』にも主演するなど、内田監督が描こうとする男の役柄にふさわしい俳優であった。小杉は強右衛門を演じるにあたり、『映画評論』昭和十七年八月号に「「鳥居強右衛門」演技設計」というきわめて理論的な論文を寄稿している。

そこで小杉は、強右衛門を演じる前提として、「若し彼れをして今にあらしめんか彼は即ち沖貞《ママ》介なり、広瀬中佐なり、西住戦車長なり、特別攻撃隊古野少佐なり、岩佐中佐なり」と、沖禎介以下、日露戦争以降の戦争で〝軍神〟と崇められた人物に強右衛門を擬し、「敢て過去の一人物足軽強右衛門を借りて軍神の神髄を描かんとなすなり」と、軍神を描くことが主眼であると述べる。そのうえで「大東亜戦下一億の日本人に達し何物か寄与するところ有りや無しや」と迷いつつも、寄与し貢献することを欲して強右衛門を演じることにしたと高らかに宣言した。

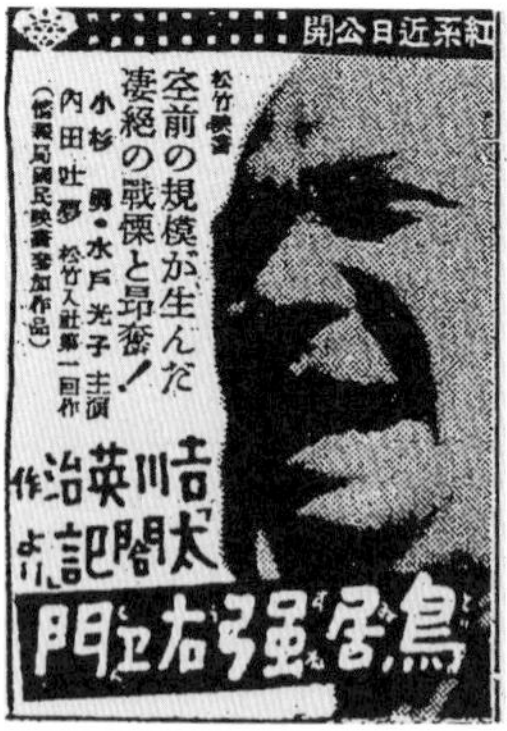

東京日日新聞昭和17年９月20日付朝刊広告（国立国会図書館蔵）

東京日日新聞昭和17年９月27日付朝刊広告（国立国会図書館蔵）

映画『鳥居強右衛門』宣伝チラシ（湯浅大司蔵）

演じるにあたり小杉が頭に描いた強右衛門像は、「好個の平凡人にして天真の人の子、人の親、人の夫、人の友なり」という「醜《しこ》」の精神の神髄」だとし、そのため「彼れに有るものはたゞ主君の為め、「お役に立ち度い」一心のみ」として、それ以外の人間としての夢を持たない人物として演じようとした。やはり直情径行型なのである。

原はみずからが書いた脚本の改変も認めたうえで降板しており、内容が若干異なる脚本も残っている（丸山彭によって紹介されている。新城市長篠城址史跡保存館所蔵）。映画を制作した松竹の大阪支店映画部企画課が編んだ冊子の体裁で、配役も冒頭に記されているので、より上映された内容に近いものと思われる（以下、『映画評論』掲載の脚本を原氏版、こちらを松竹版と呼ぶ）。

フィルムの所在がわからず、実のところわたし自身『鳥居強右衛門』を観ることができていない。双方の脚本をくらべると、原氏版にあった、勝吉が使者をことわった結果、強右衛門に命ぜられたという、原作に近いくだりがなく、松竹版では、強右衛門が籠城中城内に畑をつくり、そこで南瓜を育てて信昌（役名は貞昌）に食べさせようとしていることを知った信昌が強右衛門の人柄に気をとめ、使者を要請したという話になっている。

原作にもあった「破れ障子」の家の場面は、双方に描かれているものの、松竹版は簡略化されている。つまり、家族と別れることに対する強右衛門の心持ちを大げさに描写していない。

最後に強右衛門が叫び、殺害される場面は、原作と異なり、脚本には双方とも磔は一切登場しない。縛られた状態で味方の面前に出され、援軍が来ると叫んだ瞬間、鉄砲で撃たれるという流れになっている。松竹版では、面前に出されてから叫ぶまでの場面に、城内にいる信昌や傍輩が顔を見せるまで言うのをこらえているというタメがある。

ふたつの脚本を読みくらべるかぎり、松竹版のほうが逆に傍輩やその家族との交わりや、主君信昌との関係など細かな描写が多く、ただひたすら直情径行・忠君愛国の人間を描いただけのようには思えない。

その後の編集において削除されたのかもしれないが、そうでもないらしい。上映後の映画評では、「開巻約三分の一ほどの冗長退屈感はこの力作をしてなほ、どうにもおほふべくもない」（読売新聞昭和十七年十月一日付朝刊）、「最初の約三巻で強右衛門の家庭生活や兵農一致の描写があるが、むしろ無くもかな」「一体、強右衛門を英雄化しない意図は汲める」（朝日新聞昭和十七年十月二日付朝刊）とあって、逆にこれらの描写があったゆえに退屈な印象をあたえてしまったようである。

読売新聞・朝日新聞いずれも評価は低く、かろうじて前者が「聊か教材映画的窮屈さ」はあるものの、「ともかく見応へがあり国民志気昂揚映画としての役割はつとめるものがあらう」と社交辞令のような褒め言葉を最後に付け足す程度の内容であった。内田監督や主演小杉勇の前のめりの意気込みと、原健一郎の脚本がうまく嚙みあわず、中途半端に原氏版の脚本の要素を残したまま改変した結果、間延びしてしまったのかもしれない。

ロッパの予感

とはいえ松竹版に記されている配役を見ると、傍輩の高須大弥太に志村喬《しむらたかし》、おなじく榎本清七に小沢栄太郎、主君奥平信昌（役名は貞昌）に東野英治郎《とうのえいじろう》、徳川家康には殿山泰司《とのやまたいじ》ら、戦後の日本映画黄金時代を支えた俳優たちがこぞって出演しており、いったいどんな作品だったのか、観たくてたまらない。

映画評が低調であることは、興行成績に直結するわけではない。評論家の評判が悪くても客入りがいいという映画はざらにあるからだ。そう思って調べてみると、案の定、ではなく、やはり、評価に比例して不入りだったようである。古川隆久によると、この年四月に始まった映画統制下の新興行制度のなかで、年末までに公開された作品中四十八位、収入額も三十万に届かなかったという（『戦時下の日本映画』）。

東京新聞昭和十七年十月九日付朝刊の「週間興行成績」によれば、「第一週の映画番組が、紅系松竹作品「鳥居強右衛門」、白系が大映作「新雪《しんせつ》」と発表されたとき、興行界の玄人筋は前者を六分、後者を四分として勝負の予想をしたものだが、蓋をあけてみると予想は果然逆に現れて、「新雪」はスタートから「鳥居」をグン〳〵引離し週間約七万円一日ざつと一万円の平均で勝利の記録を作つた」という。作品に見立てて「枕を並べて討死を遂げる始末」と記事は述べている。

その理由について東京新聞は、「それは、この作品の持つ暗さが悪影響を与へてゐるのも否めないが、総《すべ》ては時代の変遷（十三字分空白）それを何時までも観客は同じ場所にゐると思ふのは、鰌《どじょう》は柳の下にばかりゐるとする愚を冒すものと言はざるを得ない」ときびしい。戦意昂揚映画として押しすぎたのかもしれない。

ちなみに『鳥居強右衛門』に圧勝した『新雪』（五所平之助《ごしょへいのすけ》監督）とは、「地方都市の小学校の教師と女教師の、恋愛のような友情を描いた、戦時下の映画としては例外的にさわやかで生新な、女性（月丘夢路）を美しく描くことを決して忘れない映画だった」（佐藤前掲書）というから、戦時下の国民が映画に何を求めているのかがわかろうというものだ。この映画のフィルムは平成八年にロシアで発見され、全体の半分強ほどが残っているという（読売新聞大阪版平成十六年四月十五日付朝刊）。主演男優の水島道太郎は好きな俳優なので、こちらも観てみたいものだ。

それはともかく、『鳥居強右衛門』劣勢の空気は、喜劇役者・古川緑波（ロッパ）もするどく察していた。

封切前月の九月十七日、緑波は『鳥居強右衛門』を上映する日劇十月第一週の構成を決める宣伝会議に出席した。映画が二時間近くかかるため、ロッパ一座の出し物は演劇でなくアトラクションにしようと決まり、ロッパ自身も出演しないことにした。どうもこの時期、日劇では映画と演劇・レビューなどを組み合わせて興行していたらしい。

実際の新聞広告を見ると、『鳥居強右衛門』と一緒に出されたのは、「南の幻想」「灰田勝彦と南の楽団」「ロッパ舞踊隊」の三本であり、歌と踊り主体だったようである（東京日日新聞昭和十七年十月二日付・同四日付朝刊広告）。

ロッパは会議の結論について、日記にこんなことを書いている。

第一週の「鳥居強右衛門」の週に僕が出ないのは、きっといゝことだったと思ふ。此の映画は、マイナス映画だといふ予感がするのだ。（『古川ロッパ昭和日記　戦中篇』昭和十七年九月十七日条）

映画とその他の演目は、どちらかの入りがもう一方のそれに影響するということなのだろう。ロッパは、何を根拠にしているかわからないが、『鳥居強右衛門』に「マイナス映画」のにおいを嗅ぎつけ、不入りが予想される舞台への出演を避けようとした。右に見たように、結果的にロッパの「予感」は大当たりだったのである。「マイナス映画」、言い得て妙な表現だ。

近代になり、錦絵や歌舞伎によって人びとに浸透した鳥居強右衛門は、その忠義という側面を強調されるかたちで、教育勅語発布以降の国家体制のなか、行動を称えられ、教育の対象となった。その結果、彼の人物像は国民に浸透し、挙げ句は日本がさらなる泥沼の戦争に突入してゆくなか、戦意昂揚のためにかつぎ出されたのである。戦前の人びとは強右衛門の忠義の面を決して否定したわけではないのだろう。映画という娯楽のなかにまでそれを求めていなかっただけである。

ただし、内田吐夢や小杉勇が表現しようとした〝鳥居強右衛門〟は、明治、いやそれ以前の、平山行蔵が賞賛した江戸時代後期から、昭和戦中に至るわが国の社会のなかでかたちづくられてきた人物像の結晶であったということは言ってよいのではあるまいか。

終章　三河武士鳥居強右衛門

変わる／変わらない鳥居強右衛門像

鳥居強右衛門という人物は、現在残るいわゆる一次史料にはまったく登場しない。その意味では実在が疑われてもおかしくない人物であった。

本書では、『甫庵信長記』や『三河物語』など相対的に信頼性の高い後世の記録・軍記や、鳥居家の由緒書などによって、まずは恐る恐る白いキャンバスに背景から塗りつぶし、人物の姿を縁取っていった。最後に「背旗」の助けを借り、残された中心の余白に人物の姿を描いた。最終的にその姿は、背景以上に強烈な存在感をはなつものであった。

虚実皮膜の微妙な地点に存在していた〝歴史的人物〟について、史料にもとづいて虚像がいかにできあがってきたのかを追いかけ、その取り組みのなかから果たして実像は浮きあがってくるのかという探究を手探りにつづけてきた本書も、ようやく終点が見えてきたようである。

江戸時代後半から現代までの約二百年という時間を見渡せば、その間、わが国は政治・社会の面で二度の大きな転換をこうむった。ひとつは明治維新であり、ひとつは第二次世界大戦の敗戦である。このできごとは、人びとの価値観を大きく変える節目でもあった。

第五章や第八章で見てきたように、強右衛門は、幕末や、明治から昭和前期にかけてのいわゆる軍国主義の時代においてとくに持てはやされ、人びとの崇敬を集めることになった。

そうした時代が変化をむかえ、しかも前の時代が後の時代のなかで負の評価を受けるようになると、前の時代において祭りあげられてきた英雄たちは、えてして忌避され、評価も地に落ち、忘れ去られるのが常であろう。忠義武勇が社会を貫く正の価値観であった時代が過ぎ去ったら、ある意味その価値観によって支えられていた強右衛門のような人物に対する評価も大きく変わるはずである。

第八章で紹介した映画『鳥居強右衛門』は、敗戦後GHQより「追放映画」（上映禁止映画）に指定され、戦後六年目の昭和二十六年に至り、ようやくその解除へ向けた検討が始まった。ただし無条件の解除ではなく、「一部削除または改訂を加えて解除可能と思われる映画」のなかに含まれていた（朝日新聞昭和二十六年六月三十日付朝刊。ちなみに黒澤明監督の『姿三四郎』は無条件解除に含まれる）。

もちろんこれは占領国たるアメリカの価値基準にもとづくものであり、これがすなわち日本人の考え方ではない。強右衛門の場合、「追放」とはならなかったからだ。現代まで強右衛門の事跡が負の評価をまぬがれ伝えられてきた理由のひとつに、強右衛門が生まれた三河における彼への崇敬があったゆえではないかと考えられる。

しめくくりの本章では、地元三河において強右衛門が現在も勇士として語り継がれ、大切に祀られている様子を紹介する。時代の大きなうねりにもゆるがない強右衛門の存在を、いったいどんな人たちが、どんなふうにして支え、根づかせてきたのであろうか。

強右衛門を弔う

まずは強右衛門の墓所について、丸山彭の研究によりながら見てゆこう。

強右衛門が命を落とした長篠城の近くにある曹洞宗寺院新昌寺（新城市有海稲場）に、強右衛門の墓所がある。新昌寺は元亀元年（一五七〇）創立と伝えられ、はじめは喜船庵と称し、万治三年（一六六〇）に現在の寺名にあらためられたという。

伝承によれば、強右衛門の死の一ヶ月後、天正三年（一五七五）六月十六日に葬儀がおこなわれ、石塔が建てられた。その後、慶長八年（一六〇三）に至って、強右衛門嗣子庄右衛門信商により、墓所が作手の甘泉寺（臨済宗）に移された。当時の作手城主は奥平信昌の子松平忠明であった（『寛永諸家系図伝』）。庄右衛門が忠明に仕えていたことは第三章で述べたとおりである。供養の便から、居所のある甘泉寺に墓所が移されたわけである。

その後、新昌寺の墓所は荒廃していたところ、地元長篠村の武士ら有志が宝暦十三年（一

新昌寺の強右衛門墓所（著者撮影）
背後に新東名高速道路が通っている。

七六三）故地に石碑を建立し供養を始め、近代に至った。

現在の墓所は、明治末年の墳墓拡張により企図され、大正九年（一九二〇）に新たにつくられたものである。設計は関西建築界の第一人者武田五一《ごいち》が担当した。武田は当時、名古屋高等工業学校（現在の名古屋工業大学）校長を務めており、代表作として京都河原町にある1928ビル（旧毎日新聞社京都支局）や東京本郷にある求道会館などが知られる。

この墓所は、新昌寺付近に近年新東名高速道路が通ったことにともない、景観が一新され、さらに綺麗に整備されて現在に至っている。ただ、その反面、武田が設計した当初の雰囲気は若干損なわれてしまったようだ。

江戸初期に新昌寺から移されたことになる

甘泉寺の強右衛門夫妻墓所（著者撮影）

甘泉寺の墓所には、強右衛門の墓として宝《ほう》篋院塔《きょういんとう》一基が建てられており、これは「首塚」と呼ばれているという。隣には強右衛門妻室の墓も建てられている。高速道路を背にした現代的風景のなかにある新昌寺の墓と対照的に、深閑とした山の奥に、木々に囲まれて強右衛門の墓はある。

また同寺には、菩提を弔うための位牌も供えられ、碑面の表に「智海常通居士　覚霊」の法名が、裏には「天正三年五月十六日　鳥居強右衛門尉三十六歳逝矣」の命日・俗名・享年が刻まれている。

また、これは墓碑ではないが、長篠城を臨む豊川（寒狭川）近くに「鳥居強右衛門磔死之趾」という大きな石碑が建てられている。碑文の日付は大正元年九月であり、強右衛門

移動前の鳥居強右衛門磔死之趾（著者蔵絵葉書）

長篠の鳥居強右衛門磔死之趾（著者撮影）

の主君奥平信昌の後裔にあたる奥平昌恭伯爵が撰した強右衛門を称える文章が刻まれている（碑銘の揮毫は徳川家達《いえさと》公爵）。

　現在そこに行くと、碑は背後に流れる川の対岸にちょうど長篠城を眺めることができる場所にあるため、いかにも強右衛門はその場所で磔にされたかのように錯覚するのだが、丸山によれば、建碑当初はもう少し新昌寺寄りの川から離れた場所にあって、昭和四十四年（一九六九）にその場所を水田にするにあたり今の位置に移動されたのだという。これも一種の記憶の創造であろう。

　このように、強右衛門は、江戸時代から現代まで、その死をむかえた場所に住む人びとにより、主家奥平家や鳥居家ゆかりの場所において、手厚く弔われ、顕彰されてきた。

出生地市田における顕彰

長篠に「鳥居強右衛門磔死之趾」が建立された大正元年とほぼおなじ頃、強右衛門の出生地とされる市田（豊川市市田町）においても、強右衛門を顕彰しようという動きが高まっていた。鳥居家の檀那寺（第三章参照）である松永寺に「鳥居会」なる地元の人びとによる顕彰のための組織が置かれ、強右衛門の活躍を積極的に歴史として語り伝えようとしたのである。

以下、市田における顕彰を述べるにあたり用いるのは、鳥居会が収集・保管してきた資料である。同会の幹事的立場であった寺部與吉氏・早川宅治氏のもとに鳥居家末裔ほか顕彰に関わる人びとから寄せられた来簡や、関係する新聞記事切抜・絵葉書・冊子類、寺部氏や早川氏による覚書など、強右衛門顕彰に関わる貴重な資料がなかに含まれている。

利用にあたり松永寺住職永田勝久師のご理解を得、この資料を「松永寺鳥居会所蔵文書」として複写・整理している新城市から複写の閲覧を許されるとともに、原本を直接拝見することもできた。とくに典拠を示さず叙述している部分は、この鳥居会所蔵文書によっていることをあらかじめおことわりしておく。

赤塚山の烈士鳥居勝商碑（著者撮影）
左に建つのが和歌碑。

鳥居会所蔵文書の年代は、古いものだといまから百年以上前の明治末年から、昭和にかけてのものである。これらは戦国時代から江戸時代に至る史料とはちがって、存命の関係者にご迷惑をおよぼしてしまう恐れもある。ただ、ここに含まれている記録は、強右衛門像が現代にまで伝えられていることを知るうえで欠かすことのできない史料でもある。以下の叙述ではこの点にじゅうぶん注意しながら、可能なかぎりの配慮をすることで利用させていただいた。

豊川市の北郊、松永寺の北北東約八百五十メートルのところにある赤塚山公園のなかに、「烈士鳥居勝商碑」がそびえている。長篠の磔死之趾碑に遅れること二年、大正三年十月十八日に除幕式がおこなわれた顕彰碑である。

碑銘は、磔死之趾碑の碑文を撰した奥平伯爵が揮毫し（背面の撰文は旧中津藩士の国学者・戦史研究家横井忠直）、隣に建てられた和歌碑のほうは、江戸時代における鳥居家の主家である旧忍藩主家の松平忠敬子爵が揮毫した。

もとより赤塚山に碑を建立しようと地鎮祭がおこなわれたのは、さかのぼること五年前、明治四十二年三月六日のことであり、長篠の動きに先んじてはいる。

これを報じた地元紙三遠《さんえん》日報は、「天正の昔長篠合戦に使命を完して磔場の露と消え、今尚武士道の真髄として軍隊なぞにても教訓の亀鑑《きかん》となし、其名芳《かぐ》はしき鳥居強右衛門勝商最後地は、今の南設楽郡東郷村大字有海に在る事は、普《あま》ねく世人の識るところなれども、其の呱々《ここ》の声を挙げし地の何《いず》れなるかを知る者甚だ少きを慨し、今回其出生地たる宝飯《ほい》郡八幡村大字市田なる在郷軍人と鳥居一統の者等発企《ほっき》となり、広く寄附金を募集して一大碑を建設し、永く英名を不朽に伝へんと欲し」（読点金子）と、出生地たることの主張が建碑の動機であることを記す。

昭和四十八年、八十九歳の早川氏が記した「烈士鳥居勝商碑建設ノ思ヒ出」によれば、建碑の直接のきっかけは、明治四十二年《（ママ）》四月に開催された前市田学校長神谷福之助氏の勤続二十五年祝賀会の席上、「今回日露戦争ニ於テ、市田ニテハ一人ノ戦死者モ出ナカツタコトハ、其昔鳥居強右エ門様ノ加護ノ賜物《たまもの》ト思フ故ニ、他町村デハ忠魂碑ノ建設ガアルガ、市田トシ

鳥居烈士建碑基壇
（著者蔵絵葉書）

建設途中の烈士鳥居勝商碑
（大正３年３月・鳥居会蔵）

テハ鳥居強右エ門公ノ碑ヲ建テ、ハ如何《いかが》」という発言だったそうだ。

これを受け、宝飯郡八幡村市田一同以下、権藤伝次（豊橋陸軍第十八連隊長・歩兵大佐）、鉾田俊（同中佐）、大橋崧次郎（同中佐・宝飯郡在郷軍人会長）、村上金一郎（宝飯郡長）、武田賢治（陸軍三等軍医）、白井九一郎（国府《こう》町長）、鈴木岩吉（八幡村長）、早川金作（在郷軍人会八幡村分会長・陸軍歩兵特務曹長）各氏を発起人とし、建碑のための組織がつくられた。

自治体の首長も発起人にくわわってはいるが、建碑の契機が、日露戦争後の忠魂碑に代わる碑建立の志である点や、それは強右衛門への崇敬がもとになっていて、主導したのが在郷軍人会（退役した軍人の組織）や現役軍人である点、第八章に述べた近代における強右衛門像流布の過程と符合する。

工事の総工費は二千六百三十三円（工事費千五百二十七円・式典費九百六十六円・雑費百四十円）であった。このうちの八十五パーセントにあたる二千二百四十一円が、一般からの寄附金によって賄われている。第十八連隊将校団からも二十円の寄附があった。工事には延べ三千五百八十人の人びとが動員され、その中核となったのは在郷軍人および地元の青年会だったという。

なおここで、その後の陸軍による強右衛門顕彰の動きに触れておけば、第十八連隊第七中隊が、昭和七年十二月二十五日に松永寺において「訓練」をすることの依頼がなされたことをあげたい。

その趣旨は、「一日日曜ヲ利用シテ中隊幹部以下全員ヲシテ戦跡ヲ訪問シ、故人ノ英霊ヲ弔ヒ、戦史ヲ緒キテ大イニ英気ヲ養ヒ、融々和楽ノ間ニ一致ノ行動ニ就キ精神ヲ修養シテ、之ヲ一点（忠烈）ニ集中セシメ、就中吾々吾人ノ立場ヲ自覚シ、以テ之カ発揚ニ努ムルノ資トナス」（読点金子）ことにあった。強右衛門の霊を弔うことを通じて、軍人の精神修養に資そうとするものだったのである。軍人教育に強右衛門の事跡が利用された一例である。

松永寺鳥居強右衛門木像（鳥居会蔵絵葉書）

松永寺における供養と顕彰

赤塚山に「烈士鳥居勝商碑」が建立されたのとおなじ大正三年、碑の除幕式から約半年前、松永寺にも強右衛門を祀るための木像がつくられた。

この木像は、磔にされた図像、つまり「背旗」の図像をもとにしている。当時「背旗」は、紀州徳川家の設けた

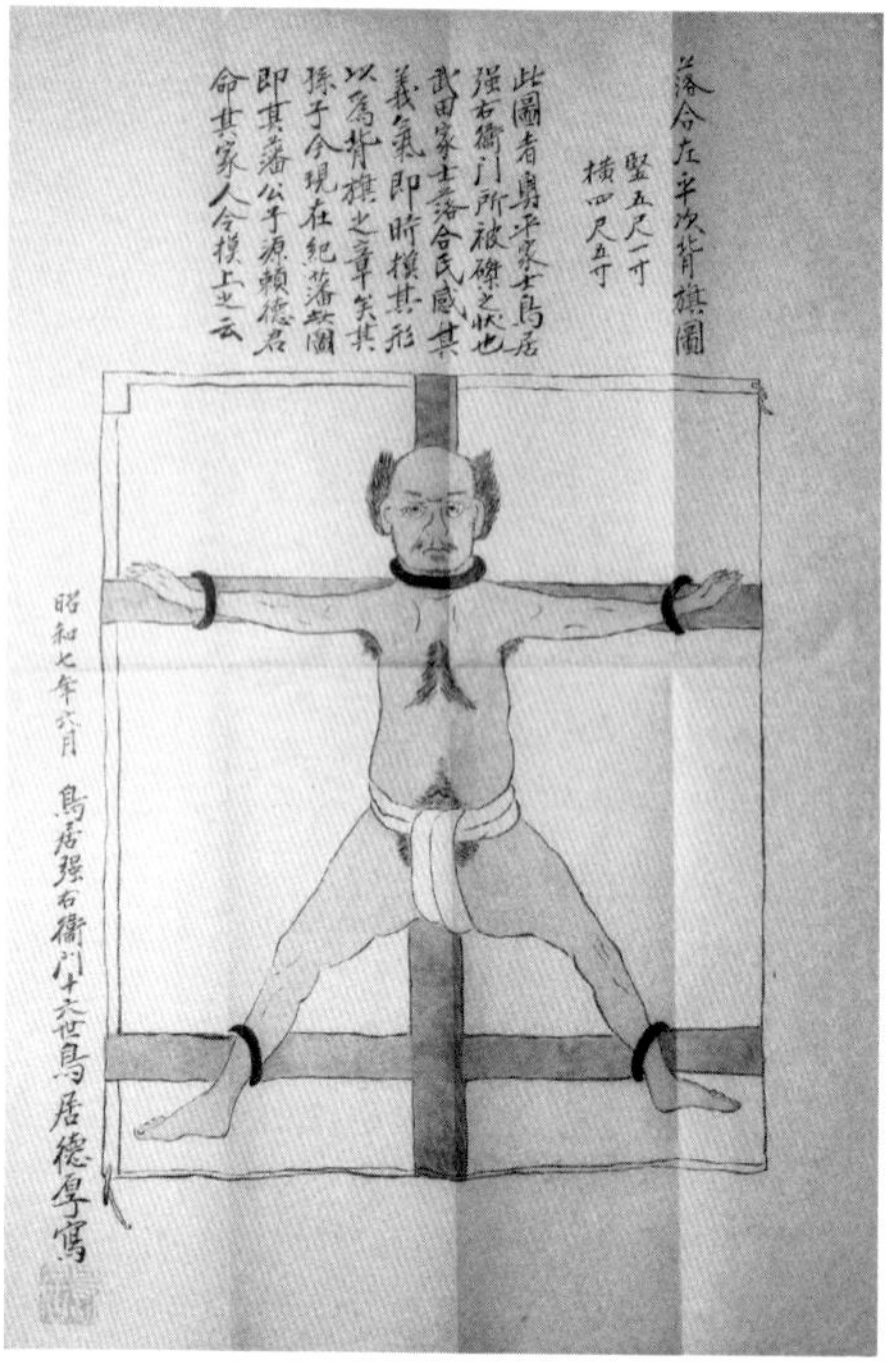

鳥居強右衛門背旗図（鳥居徳厚氏写・鳥居会蔵）

私設図書館南葵《なんき》文庫に所蔵されていたとし、木像は「此の原図に拠りて」つくられたという。「背旗」が参照された具体的な状況はわからない。

　木像制作に携わったのは地元豊川町（現豊川市）の彫刻師神谷辰三郎氏（鳥居会所蔵文書所収の記録では最初名を「辰次郎」とするが、辰三郎の誤りである旨の追記がある）であった。木像は、大正三年四月十七日に開眼供養が営まれた。

　鳥居会所蔵文書中には、木像のもとになったのは、強右衛門の末裔鳥居家十六代の鳥居徳《とく》厚《あつ》氏が写した模本によるという覚書もあるが、同文書中にある徳厚氏の模本は昭和七年六月の年記があり、また後述するように、そもそも徳厚氏と鳥居会との交流は顕彰碑の除幕式

（大正三年十月）直前に始まったようなので、誤解であろう。

いま述べた徳厚氏による「背旗」の写は、『南紀徳川史』に見える写と似た、袋乳も描いた白い下帯の磔姿である。図像の上部に「竪五尺一寸　横四尺五寸」という「下絵」にも見える寸法が記され、図の由来についての簡単な記事がある。

すでに第五章で紹介した写にない記載として、図の上部に「其孫子今現に紀藩に在り。この図即ちその藩公子源頼徳《よりやす》君その家の人に命じ、これを模し上《たてまつ》らしむ」とある点が注目される。

徳川頼徳は紀州藩第七代藩主宗将の九男にあたり、のち異母兄にあたる桑名藩主松平忠功《ただかつ》の養子となって忠和《ただとも》と名乗り、藩主を継いだ人物である（『徳川家譜（紀伊和歌山）』『松平家譜（武蔵忍）』）。桑名藩松平家はいわゆる奥平松平家、つまりのちの忍藩主家である。奇しくも彼は、「背旗」を制作した左平次道久の末裔落合家（紀州藩士）と、それに描かれた強右衛門の末裔鳥居家（桑名・忍藩士）双方と関わる立場となったわけである。

頼徳（忠和）は宝暦九年（一七五九）に生まれ、寛政五年（一七九三）に松平家に養子に入ったというので（『寛政重修諸家譜』）、それまでに家臣落合家の旗指物の存在を知り、同家に写させていたことになる。ちょうど六代道広存命の時期に重なっている。

道広がみずからの旗指物を制作したのが、第五章で見たように安永四年（一七七五）のことであった。道広が没したのは享和二年（一八〇二）だから、頼徳と道広のあいだには、何らかの接点があったにちがいない。

第五章では、「背旗」図像の流布における平山行蔵の役割に触れ、彼の賛文を引用した。それによれば平山は、文化元年（一八〇四）の時点で紀州藩の人からこの図像を手に入れていた。入手した写は、右の頼徳経由の写をもとにしていたのかもしれない。

ここからさらに想像を逞しくすると、寸法記載や図像の類似から、落合家に残されたいわゆる「下絵」が、このときの頼徳の命による写制作と関わりがあり、江戸後期の武家社会に

松永寺の鳥居強右衛門墓（著者撮影）
左右２つとも強右衛門の墓と伝える。右側の面に「智海常通居士」の法名が刻まれている。

烈士鳥居勝商生誕地碑（著者撮影）

流布した「背旗」写のみなもとになっていると考えてはどうだろうか。徳厚氏がどこの写をもとに模写したのか、記録が残っていないのは残念である。

話が「背旗」とその写に移ってしまった。木像に話を戻せば、それが安置されて約二年後の大正五年二月十三日、北白川宮成久《なるひさ》王（当時名古屋砲兵第三連隊第四中隊長）が松永寺を訪れ、木像を参拝している。すでに崇拝の対象となっており、皇族による参拝は木像の注目度を高めたことだろう。木像は現在も松永寺内において大切に祀られている。

松永寺には、強右衛門次男三右衛門元安に連なり、代々市田に住した一族（丸山は市田鳥居家とする）の墓所がある。このなかにも強右衛門の供養墓がある。また松永寺の裏手に「烈士鳥居勝商生誕地」の碑も建てられた。こちらは同六年一月十七日のことである。

三河人による強右衛門顕彰前史

ここまで見てきたように、明治四十二年に豊川の赤塚山に顕彰碑を建てるための動きが始まり、碑は大正三年十月に竣工された。それに先だって同元年九月に長篠に磔死之趾碑が建てられ、三年四月に木像がつくられた。また顕彰碑竣工後の同六年には、市田に生誕地碑が建てられた。

第八章にて紹介したように、志賀重昂がアメリカ・サンアントニオに建碑を企図し、渡米中同地に立ち寄ったのも同三年のことであり、碑文の日付は同四年九月となっている。くりかえしになるが、こうした明治末年から大正初年にかけての三河における強右衛門顕彰の動きの急激な高まりが、第八章に述べたような世の中の趨勢と密接に関わることは明らかであろう。

もっとも、このときまで地元三河の人びとが供養という方法以外で強右衛門の事跡を顕彰しようとした動きがなかったわけではない。鳥居会所蔵文書のなかに、それを示す興味深い記録が残されているので、ここで紹介しよう。明治二十三年三月に刊行された雑誌『みかは』二十六号に掲載された記事を、鳥居会幹事寺部與吉氏が同四十三年四月に抄出したものである。この記事の筆者は抄出からは明らかではない。以下、某氏とする。

某氏はある日、強右衛門の後裔鳥居瓦鶏に面会し、鳥居家に伝わる強右衛門の伝承を聞こうとした。瓦鶏は、丸山彭作成の系図によれば鳥居家十三代商次である。彼は文化七年（一八一〇）生まれ、分家から入って本家を継ぎ、長じて忍藩家老を務めた。慶応四年（一八六八）同藩が新政府軍に帰順したとき、家臣を代表して誓紙に署名した人物である（『行田市史普及版　行田の歴史』）。

ところが、瓦鶏は某氏と再会する前に逝去してしまったという。系図によれば、『みかは』

刊行直前の明治二十三年二月のことである。そうしたところ、瓦鶏の遺品中に某氏に宛てて封をした書簡が残されていたので、某氏は『みかは』にその書簡を紹介した。

瓦鶏からの書簡には、かつて岡崎藩（本多家）の儒者志賀熊太と御用人辻花《つじはな》五左衛門両名が、江戸勤番中の瓦鶏に度々面会したことがあり、ふたりは瓦鶏に強右衛門を顕彰する碑の建立を申し入れ、碑文の案まで示したとある。辻花五左衛門の正式な名字は辻葩、名を行成といい、記事では御用人とあるが、やはり本多家に仕える儒者であった（以下、岡崎藩については『新編岡崎市史　近世』『同近世学芸』による）。

碑は「鳥居君報国碑」と題され、碑文全文（かなり長い）が書簡に引用されている。日付は万延庚申（元年＝一八六〇）冬十月である。しかしその後、何の音沙汰もなかったため、瓦鶏は本多家の屋敷を訪れ、志賀・辻花両人の所在を尋ねたところ、志賀は死去、辻花は国元に隠居しており、その後明治維新の混乱によって建碑はなされないまま終わってしまったという。なお、志賀の死は明治元年である。

岡崎藩主本多家は、徳川四天王のひとり本多忠勝直系の本多宗家にあたり、五万石を領する譜代大名である。岡崎城は家康の生誕地であり、徳川家にとって重要な場所であった。志賀・辻花は、岡崎藩領内に碑を建立しようとしたのだろうか。某氏はふたりが建碑を思い立った動機を次のように推測している。

余按するに、志賀・辻花等の諸氏当時已《すで》に三河国人の元気失《うせ》んとし、忠精義烈の志衰耗せんとしたるを愁へ、鳥居氏の精神を表賞し、大に国人を奨励せんとの意に出たるや。

（句読点金子）

幕末当時、岡崎藩内でも佐幕派と勤王派の対立があり、熊太の家塾に通う門弟は佐幕派が少なくなかったという。それを考えると、世の中の激しい動きのなかで将軍家がその求心力を徐々に失ってゆくことに危機感を抱いた、徳川家を輩出した三河の人びと、とりわけ佐幕派の武士たちが、三河において徳川家の歴史を再認識させるための象徴としてえらんだのが、鳥居強右衛門だったと言うことができようか。

ところで、鳥居君報国碑建立をくわだてた岡崎藩士志賀熊太は、控堂と号し、諱を重職という。察しがいい方はすでにお気づきのとおり、アラモの碑を建てた重昂の父である。重昂がアラモの碑を建立した動機には、父が果たせなかった強右衛門碑のことがあったのかもしれないと考えるのは、穿ちすぎだろうか。

鳥居家による先祖顕彰

市田における鳥居会の顕彰活動の支えとなったのは、先にも登場した強右衛門末裔の鳥居家十六代徳厚氏である。志賀熊太・辻花五左衛門と面会した瓦鶏の三代後の当主であるが、丸山彭作成の系図によると、徳厚氏自身は現在の埼玉県熊谷市から鳥居家に養子に入った人物であった。もともと鳥居家は忍藩士であったから、地縁にもとづく縁組みだろうか。

昭和三十五年四月の日付のある早川氏の回想記「鳥居勝商公直系探索記」によると、赤塚山の顕彰碑建立当時、市田では鳥居家本家の所在がわからなくなっていたという。たまたま早川氏に忍町に住む旧知の人がいたので、その人に照会したところ、当主徳厚氏が東京に住んでいることが判明した。そこでさっそく徳厚氏と連絡を取り、顕彰碑の除幕式列席が実現したのである。

それ以後、鳥居会（早川氏・寺部氏）と徳厚氏のあいだには頻繁な書簡のやりとりがあったようである。鳥居会所蔵文書には、徳厚氏、および徳厚氏逝去後は未亡人勝子氏からの来簡が大切に保管されている。

一時は書家であったという徳厚氏の達筆雄渾な書簡を読むと、祖強右衛門に関する講演活動を度々おこなっていたことがわかる。もちろんこれは求められてのことだろう。

ひとつ紹介すれば、昭和十三年五月十五日、東京品川区の第五日野尋常小学校・芳水《ほうすい》尋常小学校にて開催された「国民精神作興・出征軍人家族慰安・商工従業員慰安　講話と演芸の夕」にて、「鳥居強右衛門十六代之後裔」鳥居徳厚氏が講話者として名を連ねている。この会の開催目的は、「天祖の御神勅以来三千年の陶冶《とうや》を積み来れる日本人なる事を自覚せよ」、「教育勅語の御趣意に添ひ奉る可き日本人なる事を自覚せよ」というものであり、その文脈から強右衛門の話が求められていたことになる。

ことほど左様に、徳厚氏には先祖に対する熱い思いがあった。

明治四十三年のある日、落語家・二代目談洲楼燕枝《だんしゅうろうえんし》が、家族と開盛座《かいせいざ》（現在の元浅草一丁目にあった芝居小屋）の二番目狂言「鳥居強右衛門」を観に行ったところ、「其市孫《（ママ）》と称する三十二三歳の書生体の男」が燕枝の席に割り込み、「口角泡を飛ばして祖先の武勇談を延《の》べつ幕なしに浴せかけ」てきたので、さすがの燕枝も困ってしまった（東京朝日新聞明治四十三年八月三十一日付朝刊「演芸風雲録」）。

もっとも、燕枝を辟易させたこの男が徳厚氏であるという確証はない。ただ、徳厚氏は明治十一年生まれだというから、年恰好は符合する。かりにその押しの強い男が徳厚氏だとしても、相手が落語家だと知らず、祖先に対する熱い思いをまくし立てたことは微笑ましくも

　ある。ときはちょうど市田において顕彰碑の地鎮祭がおこなわれた直後である。その数年後に市田との交流が開始され、徳厚氏の祖先に対する熱意がこの会の活動の支えになるのである。

　昭和十六年六月に徳厚氏が亡くなったとき、『太閤記』連載中の読売新聞に「鳥居強右衛門の末裔／十六代目の徳厚氏逝く」という見出しで訃報記事が掲載されている（昭和十六年六月二十六日付朝刊）。講演活動により著名になっていたせいか、また時代ということもあったのだろう。訃報が朝刊に載った日の夕刊では、使者強右衛門が務めを果たして長篠城に戻ってくる途中の場面が奇しくも展開していた。

鳥居強右衛門堂の商標・印（鳥居会所蔵文書）

鳥居強右衛門堂を訪ねて

　鳥居徳厚氏からの来簡を読んでいると、文章以外に目をひく点がある。徳厚氏は豊島区堀之内の稲荷神社前にて、「鳥居腸胃散本舗鳥居強右衛門堂」なる薬舗を営んでいたようなのだ。来簡にお店の商標や印が捺されてい

子安稲荷神社（著者撮影）
撮影者が立っている場所の右手に鳥居強右衛門堂があったと思われる。

る。みずからが経営する店に先祖の名を冠することからも、先祖への崇敬がわかろうというものである。

　鳥居強右衛門堂のあった豊島区堀之内とは、いまの同区上池袋二丁目のあたりになる。稲荷神社は、いまの子安稲荷神社のことである。東京に住みはじめて二十年がすぎたが、そのあたりを訪れたことがなかったので、天気のいい休日の朝、子安稲荷神社を目指し、鳥居強右衛門堂のあった場所を訪ねてみることにした。

　JR池袋駅東口を出て、屏風のようにそびえる百貨店の建物を背に、明治通りを十分足らず北上し、山手線の上を通る橋を渡ると、静かな住宅地が広がっている。そこが上池袋二丁目である。堀之内というかつての地名は、この橋と神社近くの公園に名前を残す程度である。山手線を渡るその「堀之内橋」たもとにあった区設置の説明板によれば、このあたりは大正十二年の関東大震災以後、急速に市街化が進んだとある。

神社境内に区が設置した旧町名継承碑があった。十七世紀中頃、王子の梶原堀之内より分郷したのでこの地名が付いたのだという。なぜこのあたりが「堀之内」なのかという疑問が氷解した。昭和四十四年にいまの地名に変更されたという（東武東上線北池袋駅はかつて東武堀之内駅と称していた）。

周辺は住宅が密集し、町内の道路はそれぞれ車一台分ほどの幅しかない。このあたりは戦災で焼失しているようだから、それを考えると、町内は戦災後の再開発もまぬがれ、道路に区切られた町の構造は、おそらく鳥居家があった当時から変わっていないのではあるまいか。町内の真ん中に鎮座する神社は、現在東・南・西三方にこぢんまりした鳥居を構え、境内に入ることができるようになっている。明治通りから神社の東鳥居へ伸びる小道は、かつて参道として両側に商店があった面影がわずかに残り、鳥居強右衛門堂もこの通り沿いにあったかと思わせたが、番地を見るかぎり、その反対側、西鳥居を出てすぐの、現在は共同住宅になっているところにあったらしい。

西鳥居の前に立ち、その共同住宅を見やりながら、かつてそこに、いかめしい名前の看板を掲げ、乾燥した薬種が詰められたガラス瓶がならぶ、煮染めたような焦げ茶色をした木造の薬舗があった風景を想像しようとした。いまその痕跡は何も残っていないけれども、たしかにこの地から、鳥居強右衛門をめぐる情報が発信されていたのである。

強右衛門信仰

以上、本章では強右衛門が磔になった長篠、出生地とされる市田、および末裔鳥居家による供養や顕彰の活動を見てきた。

この第三部で見たように、鳥居強右衛門の行動がもてはやされた時代がたしかにあった。意図的に彼をかつぎ出そうとする動きもあった。そうした時代に生みだされた歴史のなかで、彼の姿はそれまで以上に鮮烈に刻まれた。文章にもなり、図像・演劇・映像というかたちにもなった。その社会のなかで、地元三河でも活発な顕彰がおこなわれた。

江戸時代から明治・大正・昭和を経て現代に至るまで、二度にわたる価値観の大きな変化のなかでも強右衛門の人物像がゆらがなかったのは、そのとき根づいた三河における〝強右衛門信仰〟とも言うべき強い崇敬があったことも大きい。

いま「信仰」のことばを使ったが、実際、大正五年以降、毎年四月十六日に「鳥居祭」という法要が松永寺において営まれた（現在は毎年五月の第二日曜日に開催）。趣旨は「祭日前夜ニ於テ松永寺内烈士ノ尊像ニ対シ法養ヲ営ミ、終了後特ニ在郷軍人及青年会員ノ為メ講演会ヲ開キ、烈士ノ勲績ヲ聴講セシメ、敬慕ノ念ヲ発揮セシムルコト」とあるから、まさに「信仰」と呼んでもまちがいではなかろう。

鳥居強右衛門ひとりを供養する祭礼ではないが、地元新城市では、お盆に長篠の戦いで亡くなった人びとの霊を供養する祭礼「火おんどり」が開かれている。また、第二章で述べたように、五月初旬には同様の「長篠合戦のぼりまつり」が開催され、さらに同月中旬には、奥平家ゆかりの大分県中津において、長篠城籠城を追憶する「中津城たにし祭り」が開催されていた。

「長篠合戦のぼりまつり」のなかでは、強右衛門が使者としてたどった岡崎から新城までの約六十五キロメートルを走る「強右衛門戦国街道ラン」というマラソンの催しも開催されていることは、これまた第二章でも触れた。こうした祭礼や催しを通じ、強右衛門の記憶は確実に地元の人びとの心に刻まれる。

祭礼で注目したいのは、壮大な山車《だし》がつくられるお祭りに、強右衛門が登場していたことだ。有名なところでは、青森のねぶた祭がある。

記録に残されている昭和十九年以降現在まで、鳥居強右衛門をかたどるねぶたは三基つくられている。昭和四十一年の「長篠城の誉　鳥居強右衛門勝商」（制作団体日立連合）、同六十三年の「長篠城脱出　鳥居強右衛門死の伝令」（日立連合ねぶた委員会）、平成四年の「長篠の夜雨」（亀屋みなみチェーン）である（青森市編『青森ねぶた誌増補版』、若松啓文氏のご教示による）。毎年二十基程度がつくられているねぶた祭のなかで、この頻度を多いとみるべきなのか、取るに足らない数なのか、わからない。

秋田市の土崎《つちざき》港曳山《ひきやま》まつりにおいても、平成十五年の曳山として、強右衛門の像がつくられている（山屋賢一氏のホームページ「すてきなおまつり」）。写真を見ると、もとになったのは月岡芳年の錦絵『美談武者八景』だとみられる。写真を撮影した山屋氏は、「全曳き山中最もバランスが良く人形の扱いも適った抜群の作であり、いまだに土崎と言えば、私が思い出すのはこの山車である」と、そのできばえを賞賛する。

三河から遠く離れたみちのくの勇壮な祭のなかで、強右衛門の姿が立体的に造型され、それらは見る人の脳裏に焼きつくほどの強い印象を残した。このようなかたちでも強右衛門像は伝えられてゆくのである。

鳥居強右衛門に歴史の面白さをまなぶ

過去に起きたできごとはもちろん変わらない。変わるのは歴史である。過去に起きたできごとについて記された史料をもとに、後世の人びとがさまざまな解釈をほどこして、歴史が叙述される。いくら歴史家が気をつけても、この叙述には、それが書かれた時代の影響がどうしても出てくる。俗っぽく言ってしまえば、歴史にははやりすたりがあるのである。

そうしたはやりすたりに惑わされず、可能なかぎり史実を客観的に検討するための素材を収集・活字化し、日本史の基礎となるできごとの記事を提供しようとしているのが、わたしも編纂に携わっている『大日本史料』である。本書で鳥居強右衛門について検討できたのも、このなかにさまざまな史料を収めたおかげだ。

先にも似たようなことを述べたが、ある時代の象徴としてもてはやされた人物は、時代の移り変わりにつれ、すっかり忘れ去られてしまうことだってあるだろう。本章で追いかけたように、強右衛門の場合は地元における顕彰もあって、忘れ去られることはまぬがれた。それどころか、いまの世の中にはいろいろな媒体があるおかげで、強右衛門が一部でふたたび注目され、語り継がれているようである。

本書冒頭で触れたテレビ番組のほか、調べてみると、小説（山岡荘八・池波正太郎・津本陽・火坂雅志らの作品）、アニメ（石ノ森章太郎）などがあるようだが、それらに描かれた強右衛門に目を通しきることはできなかった。松永寺の永田師によると、毎年鳥居祭のとき、町内の子どもたちに石ノ森のアニメのビデオを見せているのだという。

また、たとえば戦国武将が登場するゲームにも、多くの戦国武将にまじって強右衛門のキャラクターが登場しているようだ。これも深くは追いかけていない。

移り変わりの激しい世の中だから、いつまたこれらがかえりみられなくなるかわからない。強右衛門が歴史のなかに埋没してしまうことだって、ありえないことではないのである。そういうときのために、本書が、〝鳥居強右衛門の原点〟まで立ち戻ることができるような拠り所となれればと、調べてわかったことを可能なかぎり詰めこんだ。

たまたま仕事で強右衛門に関する多くの史料に接し、また、勤めている職場にたまたま彼を描いた「背旗」があって、調査によって多くの知見を得ることができたため、鳥居強右衛門という人物を追いかけることとなり、わかったことを書き記してきた。かくしてできあがったのは、評伝でもないし、歴史書と堂々と胸を張って言えるかもおぼつかない、奇妙な本である。

ただ、本書を書くために、鳥居強右衛門や、「背旗」をつくった落合道久らを調べ、彼らの人物像が時間が経つにつれ変容していく様子を知り、さらに近代に至り劇的な変貌を遂げるありさまを掘り起こせたことは、歴史を研究する者として興奮すべき、得がたい体験であった。過去のできごとを調べて知ることの楽しさ、それによって自分なりの歴史をつづることの面白さが、本書を通じて読者の皆さんにも伝わったようであればいいな、と思う。

おわりに

本書は、わたしが研究代表者となって研究費を支給された、次の研究課題の成果です。

①史料編纂所特定共同研究・複合史料領域「関連史料の収集による長篠合戦の立体的復元」(二〇一〇〜一五年度)

②同右「戦国合戦図の総合的研究」(二〇一六・一七年度)

③JSPS科研費・基盤研究(B)「中世における合戦の記憶をめぐる総合的研究―長篠の戦いを中心に―」(二〇一二〜一五年度・課題番号二四三二〇一二三)

④東京大学史料編纂所附属画像史料解析センター研究プロジェクト「長篠合戦図屛風プロジェクト」(二〇一〇年度〜)

また、わたしが研究分担者・連携研究者として参加させていただいたJSPS科研費・基盤研究（B）「戦国軍記・合戦図屛風と古文書・古記録をめぐる学際的研究」（二〇一六年度〜・研究代表者堀新氏・課題番号一六H〇三四八〇）、同基盤研究（C）「戦国時代における「大敗」の心性史的研究」（二〇一五〜一七年度・研究代表者黒嶋敏氏・一五K〇二八二七）による成果も含んでいます。

これらはわたしひとりで進めるものではありません。いずれも多数の研究者が参加しておこなうものです。これらの共同研究に参加され、多大なご教示を頂戴した皆さまに厚く御礼を申し上げます。

これらの共同研究の過程で調査をさせていただいた諸機関、ご担当者の皆さま、史料所蔵者の皆さま、画像掲載をご許可下さった皆さまにも感謝申し上げます。また、「背旗」の保存修理に携わった皆さまのご努力に敬意を表します。

あまりにも多くの方々のお世話になったため、一人一人のお名前をあげることができないことをお許しください。ただ、ここでは本書執筆に特段のご協力をいただいた方お二人についてだけ申し述べたいと思います。

まずは、新城市設楽原歴史資料館の湯浅大司さんです。

右に掲げた共同研究の当初から、地元の新城市を代表してご参加くださり、長篠の戦いや鳥居強右衛門についての史料などを種々ご教示いただきました。また、貴重なお時間を割いて、土地勘のないわたしを関係史跡にご案内くださるなど、感謝しても感謝しきれぬご厚恩を賜りました。

長篠の戦いをめぐる研究についてはもう少しつづくことになります。引きつづき、湯浅さん、また新城市の皆さんからはいろいろお教えを受けてまいりたいと思います。

二人目は、国立歴史民俗博物館（歴博）の小島道裕さんです。

小島さんが代表を務めておられる歴博の共同研究にお誘いいただき、それについて話をしているうち、話題は「背旗」に移りました。せっかく修理を終え、衝立状にして両面を鑑賞できるようになっても、史料編纂所内ではなかなかそれを見せる機会がないことを歎いていたら、これまでの因縁？もあるから、歴博でお披露目をするのはどうかという話になりました。

それからは小島さんのご尽力でとんとん拍子に話が進み、二〇一六年の夏休み期間に、歴博の総合展示第三展示室の特集展示「「もの」からみる近世　戦国の兜と旗」として修理後初めての「背旗」展示が実現しました。

はからずも本書のなかで、小島さんの「逆さ磔説」を批判することになりましたが、展示期間中は二人ならんで（なかよく）ギャラリートークを担当するなど、とても楽しい経験を味わいました。展示では歴博の皆さんにたいへんお世話になりました。

展示のときではなかったでしょうか。小島さんから、鳥居強右衛門の事跡にはじまって「背旗」の修理まで、総合的に書くことができるのはあなたしかいないのだから、本にまとめてみてはどうかと勧められました。もしその気があるなら、知り合いの編集者に紹介しますよ、というありがたいお言葉も頂戴しました。

その時点までに、論文のかたちで「背旗」に関する研究報告を発表していましたが、本にまとめようという考えはさっぱりありませんでしたので、不意を突かれて驚いてしまいました。そのとき咄嗟に思ったのは、すでに丸山彭氏の詳しい本もあるうえ、総合的に書くとすれば、本書の第三部で書いたような点にも目を配らなければならない、それはむずかしいだろう、ということでした。

でもいま思えば、小島さんのお勧めによって、「本になるかな」という色気が出てきたのですから、本書の生みの親は小島さんと言ってよいでしょう。

その数ヶ月後、平凡社の坂田修治さんから、本を書かないかというお誘いをいただきました。そこでわたしが提案したのが、その夏以来、頭の片隅にあった鳥居強右衛門です。

最初は別の容れ物から刊行する予定で書いていました。その後、紆余曲折があって、結果的にこの「中世から近世へ」の仲間に入れてくださることになりました。戦国時代の研究を引っぱる気鋭の研究者の皆さんが、それぞれ最先端の成果を世に問う話題のシリーズです。

このなかに本書のような、緊張感を欠く気味がないでもない、中世どころかほとんど近世の史料しか使わず、しかも近現代にまで足を突っこんだ内容のものが入ってよいのだろうかと大いに戸惑いましたが、坂田さんは「まったく問題ありません」と強く背中を押してくださいました。

平凡社は、学生時代に就職試験を受けて見事に落ちた出版社のひとつです。ここに入りたかったのは、大好きな江戸川乱歩の最初の全集を出し、また澁澤龍彥の素敵な本『フローラ逍遙』を出していた版元だからです。今回そんな憧れの出版社から本を出すことができ、感激もひとしおです。

執筆中、舞いあがってしまいそうなうまい褒め言葉を駆使して、常に激励してくださった坂田さんに感謝申し上げます。たとえ自分が編集者になることができたとしても、あんなふうにたくみに書き手を気分良くさせることはできなかっただろう、だからこれで良かったのかもしれないなと思いつつ。

二〇一八年七月三十一日

金子　拓

主要参考文献

青森市編『青森ねぶた誌増補版』（青森市、二〇一六年）
井口木犀『鳥居強右衛門』（豊川堂書店、一九四三年）
石岡久夫『兵法者の生活』（雄山閣出版、一九八一年）
伊藤経一『大正・昭和の浅草芸能』（文芸社、二〇〇二年）
井上泰至『サムライの書斎　江戸武家文人列伝』（ぺりかん社、二〇〇七年）
井上泰至『近世刊行軍書論　教訓・娯楽・考証』（笠間書院、二〇一四年）
位田絵美「甫庵本『信長記』諸版考――元和寛永古活字版をめぐって」（『東海近世』五、一九九二年）
折口信夫「幣束から旗さし物へ」「まといの話」（『古代研究Ⅰ　民俗学篇1』角川ソフィア文庫、二〇一六年）
海後宗臣・仲新編『日本教科書体系近代編　第七巻国語（四）』（講談社、一九六四年）
金子　拓「鳥居強右衛門の虚像と実像」（『Library iichiko』一一〇、二〇一一年）
金子　拓「落合家所蔵の旗指物と「落合左平次道次背旗」」（『東京大学史料編纂所附属画像史料解析センター通信』五六、二〇一二年）
金子　拓「背旗の制作者落合左平次」（群馬県立歴史博物館第九五回企画展図録『織田信長と上野国』、二〇一八年）

金子　拓「織田信長にとっての長篠の戦い」（金子拓編『いくさの記憶——長篠合戦の史料学』勉誠出版、二〇一八年予定）
鴨川達夫『武田信玄と勝頼——文書にみる戦国大名の実像』（岩波新書1065、二〇〇七年）
鴨川達夫「元亀年間の武田信玄——「打倒信長」までのあゆみ」（『東京大学史料編纂所研究紀要』二二、二〇一二年）
行田市郷土博物館編『行田市郷土博物館収蔵資料目録　諸家文書目録2』（行田市、一九九六年）
行田市史編さん委員会・行田市教育委員会編『行田市史普及版　行田の歴史』（行田市、二〇一六年）
久能山東照宮博物館『久能山東照宮博物館一〇〇選』（久能山東照宮博物館、一九九五年）
黒田日出男「鳥居強右衛門はどう見えるか」（黒田日出男先生退官記念誌刊行会編・発行『黒山に龍はいた開発史から絵画史料論まで』、二〇〇四年［初出二〇〇二年］）
桑田忠親ほか編『戦国合戦絵屛風集成第四巻　大坂冬の陣図・大坂夏の陣図』（中央公論社、一九八〇年）
小島道裕「「落合左平次背旗」復元の顚末——上か下か」（国立歴史民俗博物館編『天下統一と城』読売新聞社、二〇〇〇年）
小島道裕「再び「落合佐平次背旗」の復元について」（『歴博』一一四、二〇〇二年）
小島道裕「「落合左平次道次背旗」に描かれた磔刑像の向きについて」（国立歴史民俗博物館HP、二〇一六年　https://www.rekihaku.ac.jp/kenkyuu/kenkyuusya/kojima/sebata.html）
児玉幸多編『御当家紀年録』（集英社、一九九八年）
酒井憲二『甲陽軍鑑大成』第一巻本文篇上（汲古書院、一九九四年）
坂田　新「鳥居強右衛門」（『愛知県立大学文学部論集（国文学科編）』三〇、一九八〇年）

坂田　新「鳥居強右衛門（続）」（『説林』二九、一九八一年）
佐藤仁之助「鳥居強右衛門事蹟辨」（『東洋文化』一七一、一九三〇年）
佐藤仁之助「鳥居強右衛門事蹟辨続稿」（『東洋文化』一七三、一九三九年）
佐藤忠男『増補版日本映画史2』（岩波書店、二〇〇六年）
柴　裕之『戦国・織豊期大名徳川氏の領国支配』（岩田書院、二〇一四年）
週刊朝日編『値段の明治大正昭和風俗史（上）』（朝日文庫、一九八七年）
新城市設楽原歴史資料館編（湯浅大司執筆）『古戦場は語る　長篠・設楽原の戦い』（風媒社、二〇一四年）
新編岡崎市史編集委員会『新編岡崎市史　近世学芸』（新編岡崎市史編さん委員会、一九八四年）
新編岡崎市史編集委員会『新編岡崎市史2』第四章第二節（新行紀一氏執筆、新編岡崎市史編さん委員会、一九八九年）
新編岡崎市史編集委員会『新編岡崎市史　近世』（新編岡崎市史編さん委員会、一九九二年）
菅原正子「旗・小旗・指物」（『戦国史研究』四二、二〇〇一年）
鈴木眞哉『鉄砲隊と騎馬軍団　真説・長篠合戦』（洋泉社新書y86、二〇〇三年）
太向義明『長篠の合戦――虚像と実像のドキュメント』（山梨日日新聞社出版局、一九九六年）
高島晶彦・山口悟史・市宮景子・金子拓「東京大学史料編纂所所蔵「落合左平次道次背旗」の保存修理について」（『東京大学史料編纂所附属画像史料解析センター通信』七一、二〇一五年）
高橋　修「豊田市浦野家伝来「長篠・長久手合戦図屏風」の図像的特徴と成立背景」（『愛知県史研究』六、二〇〇二年）
高柳光壽『戦国戦記長篠之戦』（春秋社、一九六〇年）

滝大作監修『古川ロッパ昭和日記　戦中篇』（晶文社、一九八七年）
田村成義編『続々歌舞伎年代記　乾』（市村座、一九二二年）
辻惟雄・村上隆『熱闘！日本美術史』（新潮社、二〇一四年）
東京国立博物館・東京大学史料編纂所編『時を超えて語るもの　史料と美術の名宝』（東京大学史料編纂所、二〇〇一年）
東京都江戸東京博物館ほか編『大関ヶ原展』図録（東京都江戸東京博物館、二〇一五年）
東京都江戸東京博物館ほか編『戦国時代展』図録（東京都江戸東京博物館、二〇一六年）
利倉幸一編著『続々歌舞伎年代記　坤』（演劇出版社、一九七九年）
日野原健司『月岡芳年　月百姿』（青幻舎、二〇一七年）
平山　優『長篠合戦と武田勝頼』（敗者の日本史9　吉川弘文館、二〇一四年）
藤本正行「戦国期武装要語解――後北条氏の著到書出を中心に」（中世東国史研究会編『中世東国史の研究』東京大学出版会、一九八八年）
藤本正行「鳥居強右衛門の旗について」（『武田氏研究』二六、二〇〇二年）
古川隆久『戦時下の日本映画　人々は国策映画を観たか』（吉川弘文館、二〇〇三年）
町田市立国際版画美術館監修『謎解き浮世絵叢書　魁題百撰相』（二玄社、二〇一二年）
丸島和洋『武田勝頼　試される戦国大名の「器量」』（中世から近世へ　平凡社、二〇一七年）
丸山　彭『烈士鳥居強右衛門とその子孫』（長篠城址史跡保存館、一九七三年）
丸山彭編『改訂増補長篠日記（長篠戦記）』（長篠城址史跡保存館、二〇〇二年）
村上紀史郎『音楽の殿様 徳川頼貞』（藤原書店、二〇一二年）

森　銑三『偉人暦（上・下）』（中公文庫、一九九六年）
森　銑三「広瀬六左衛門」（『森銑三著作集続編』第七巻、中央公論社、一九九三年）
森潤三郎「鈴木桃野とその親戚及び師友（上・下）」（『史学』一一―三・一二―一、一九三二・三三年）
靖国神社遊就館編『遊就館所蔵　甲冑武具展――戦国時代～江戸時代』（靖国神社遊就館、二〇一七年）
柳沢昌紀「甫庵『信長記』初刊年再考」（『近世文藝』八六、二〇〇七年）
柳沢昌紀「甫庵『信長記』古活字版の本文改訂――片仮名第六種本を中心に」（『軍記と語り物』四四、二〇〇八年）
山口和夫「古活字本・北畠親房著『職原抄』」（西野嘉章編『歴史の文字　記載・活字・活版』一九九六年
http://umdb.um.u-tokyo.ac.jp/DPastExh/Publish_db/1996Moji/index.html）
山田邦明『戦国のコミュニケーション』（吉川弘文館、二〇〇二年）
山梨県『山梨県史』通史編2中世（山梨県、二〇〇七年）
湯浅常山著・森銑三校訂『常山紀談』上巻（岩波文庫、一九三八年）
『吉川英治全集』二〇・二一（講談社、一九八〇年）
和歌山県立博物館編『特別展戦国合戦図屛風の世界』図録（和歌山県立博物館、一九九七年）
『日本歴史地名大系』平凡社
『日本国語大辞典　第二版』小学館
『国史大辞典』吉川弘文館
『大日本史料』第十編・第十二編
『寛永諸家系図伝』・『寛政重修諸家譜』続群書類従完成会

『戦国遺文　武田氏編』東京堂出版
東京大学史料編纂所、国立国会図書館、国立公文書館、国立歴史民俗博物館、国文学研究資料館各種データベース
朝日新聞オンラインデータベース聞蔵Ⅱビジュアル、ヨミダス歴史館、毎索

金子 拓（かねこ ひらく）
1967年山形県生まれ。97年、東北大学大学院文学研究科博士課程後期修了。博士（文学）。専門は日本中世史。現在、東京大学史料編纂所准教授。著書に『織田信長という歴史――「信長記」の彼方へ』（勉誠出版）、『記憶の歴史学――史料に見る戦国』（講談社選書メチエ）、『織田信長〈天下人〉の実像』（講談社現代新書）、『織田信長権力論』（吉川弘文館）、『織田信長――不器用すぎた天下人』（河出書房新社）、『戦国おもてなし時代――信長・秀吉の接待術』（淡交社）などがある。

[中世から近世へ]

鳥居強右衛門《とりいすねえもん》 語《かた》り継《つ》がれる武士《ぶし》の魂《たましい》

発行日	2018年9月25日　初版第1刷 2018年12月3日　初版第2刷
著者	金子 拓
発行者	下中美都
発行所	株式会社平凡社 〒101-0051 東京都千代田区神田神保町3-29 電話（03）3230-6581［編集］（03）3230-6573［営業］ 振替 00180-0-29639 ホームページ http://www.heibonsha.co.jp/
印刷・製本	株式会社東京印書館
DTP	平凡社制作

ISBN978-4-582-47741-2
NDC分類番号210.47　四六判（18.8cm）　総ページ296